妈妈会沟通孩子更优秀

赵雅丽／著

中国友谊出版公司

这是一本，让爸妈学会当爸妈的书。
跟着书中的五堂课和沟通的实践训练，
让你的爱更有意义！

前言
亲子之爱的学习和练习永远不迟也不晚

做父母和做孩子都一样难。

放眼看去，我们的周遭有太多焦虑的父母和受伤的小孩。

为人父母，无从准备，难为。

为人子女，无从选择，难当。

为师又为母，多了些亲近与倾听孩子们的机会，我看见每个孩子长大后的表现与行为，其实都可以在他们的原生家庭与成长阶段中，找到对应的根源与线索——一个没有被充分护佑满足的童年、一段未被理解倾听的青春、父母的压制、威权的教养，随着时间的流逝，这些在许多孩子的身上留下了伤痕……也让我见证了父母之爱的恩情与仇怨。

现代的孩子其实很无助。不反叛的，常被理所

当然地搁置忽视；离经叛道的，又被另眼相待或放弃；而背负父母期望的孩子，因自身的"任务"无法正视自己，心中有着更深的脆弱和悲苦，这种种的问题，让许多孩子的心理成为被遗忘的角落。

而每个父母对孩子的出世，也都是既期待又担忧。把孩子教好，和他们相亲相爱走一生，是做父母最大的愿望，然而在亲子同行的过程中，稍不留神，走着走着，就突然失去了和孩子的联结，父母心中的无奈与孤绝，让人甚是凄凉！

用心倾听，会发现周围有许多父母，心中藏着不足为外人道的酸甜苦辣，而做子女的，同样也有无法言说的哀伤委屈。父母怨自己没法得到孩子的心，更气孩子为何从不懂自己的苦心与用心。孩子也曾无条件地爱着自己的父母，但最终却必须从他们令人窒息的爱中逃离。就在这样逐渐加剧的纠结中，孩子长大了，父母更加迷惘，亲子间就此形成了一道永远无法破除的隔阂。

父母的角色无从准备与预习。但我始终相信，跟着孩子，边做边学，我们都可以成为更好的父母。不求完美，也不需要完美。现实生活中，没有完美的父母。对孩子来说，父母都是有缺点的，孩子要的其实只是一个"普通父母"，而不是超级完美的爸妈。

那个平凡、理解、温暖与贴心的普通父母——没有过高的期待、过多的管教、过分的压迫控制、过重的说教和道理。但这样的"平常心"，往往却是许多父母最欠缺与最困难的选择。

没有人是天生的好父母，所以教育孩子前，请先自我教育。

本书从沟通专业的角度出发，探讨亲子关系中的典型问题与实际案例，希望以学理、我所经历的真实故事、自己身为人母的经验，引发更多为人父母者的一些反思，并借以察觉自己在不经意间对孩子造成的困扰或伤害，提供父母们一个自我教育的基础。

所有的沟通都是从自我的沟通开始。因此，本书从回应"我是谁？"开启父母的自我教育与探索之路，让父母检视自我角色扮演与子女期待间的角色落差，进而了解自己一厢情愿的爱是如何塑造了孩子一生的角色和悲剧，决定了他们的命运，同时也点明了亲子沟通中必须理清的"界限"问题与迷思，最后提出做父母最需要练习的课题："少说多听"的"倾听"原则与技巧。

这也是一本爱的练习簿。透过书中丰富的训练，父母们不仅可以自我学习与练习，也可以邀请孩子一起训练和对话，透过孩子的眼，看见自己的角色盲点与限制，并改善自己的缺失，与孩子一起边做边学。我相信，做父母的只要愿意放下身段，重新去理解自己的孩子，向他们学习，并共同成长，便可以减少对孩子的误解和伤害，最终成为更好的父母！

人生没有什么角色能力是与生俱来的。每个出众的角色扮演都是在心念执着、绝不放弃的坚持中，摸索与修炼的结果。父母的角色，何尝不是！

我衷心期待这本书的内容，能更贴近你所经历的真实心境与困境。借着沟通的实践训练，亲子关系的修护与和解，永远不迟也不晚！

目录

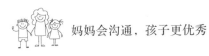
LESSON 2　会沟通的妈妈能让孩子更优秀

LESSON 3 妈妈们要注意避开沟通误区

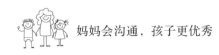

LESSON 4 是什么阻碍了我们和孩子沟通

LESSON 5 · 沟通从倾听孩子的内心世界开始

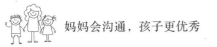

沟通第一步，问问"我是谁"

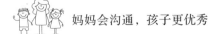

没有人一出生就是爸妈

世间所有发生的事情，我们几乎都无从预知，我们毫无准备地来到人世、扮演各种角色，每个角色扮演的能力都不是与生俱来的，而我们也无从预先练习，当然，"父母"这个角色也不例外。为人父母的人，并不是一出生就成为爸妈，他们也是别人的小孩，经历幼儿、少男／少女阶段慢慢长大。

我们此生为人父母、养儿育女、教导孩子，能预作准备的部分其实并不多。而父母的角色碰巧是所有关系中最困难的一种，因为亲子间存在一种"上对下"的不完全对等关系，因此，父母们都是在不断的摸索中前进、边做边学，甚至是边"错"边学。

在我三十多年的教育与辅导生涯中，我从学生身上，深刻地看见孩子的难当；而身为人母，也让我体会父母的难为。许多父母都曾对我感叹，在教养孩子过程中，他们那无所适从、无奈与无助的心境。但这样彷徨焦虑的心情其实都是正常的，因为每个爸妈都是在对自己的角色全然陌生的状况下上路，开始踏上亲子之旅。

试想，一个老师的养成需要多年的师资培训和证书；一位心理咨询师要执业需取得专业执照。但父母呢？ 学校从未提供"成为一名优秀父母"的课程，我们对于为人父母身份的塑造、角色的扮演，往往都是从原生家庭中复制、模仿而来，透过对自己父母的观察和曾为人子女的经验累积，我们才能获得教育自己孩子的行为依据。

所以生活中，我们可以看到很多小时候受父母高压管控的孩子，一旦自己成为父母后，也以同样手法去压迫、控制自己的孩子，让亲子教养模式变成犹如一代代相传的魔咒。这样的问题就在于没人教过我们，如何正确地诠释与扮演好父母的角色，如此一来，原生家庭的亲子关系模式，就变成我们做父母时所依循的唯一脚本。

事实上，原生家庭也确实与我们的一生有着千丝万缕的关系，这种关系深深地影响着我们。即便在成年之后，我们的种种表现与行为，都可以在自己的成长阶段中找到对应的根源与线索。所以身为父母，如果我们仅是依循原生家庭的经验，来作为教育孩子的依据，就容易重蹈覆辙，在自己为人父母之后，将那些父母曾经施加在我们身上不好的经验，不自觉地投射在自己的孩子身上，形成跨世代之间的恶性循环。

为了避免这样的事情发生，一个好家长，应该懂得把教育的重心，由教育孩子转向自我教育与学习上——父母的自身教育对每个爸妈才是最需要与实际的。亲爱的父母，请切记："在教育孩子之前，请先自我教育"。一旦父母把自己教育好了，这种美好的结果自然也会在孩子身上反映出来。

从了解与回应"我是谁？"开始

"亲子教育从父母的自身教育做起"，这个大前提相当重要。但是一切应从何开始？ 我的建议是从"认识自己"着手——自我提问与回应："我是谁？"因为所有的沟通都是由"自我沟通"开始，而"自我观感"则是一切沟通行为与关系的基础，它决定了我们如何发送与接收信息，进而影响我们对沟通的态度和对待他人的方式。

简单来说，一个具有负面自我观感的人，会对别人的批评很敏感、对赞美反应过度，且难以被取悦，也会因为对自己不满意，而吹毛求疵，或是因缺乏自信而退却与消极。反之，一个拥有正面自我观感的人，对自己充满自信，且感觉与他人平等而能够尊重他人，他们有开阔的胸襟，能够包容异见和接受他人多元的情感和行为，最重要的，他们有改善自己的意愿和能力。

每位父母的个性、从小的生活环境与原生家庭的沟通经验等等，都会影响其"自我"的形成，而自我观感不同的父母，在教养孩子时，无论理念、态度、信仰和价值以及做法上必然都会有极大的差异。当然，亲子关系与亲密感也都会不一样，所以这世上不会有"放诸四海皆准"的方法可以来解决每种亲子问题。要想突破你和孩子间难解的关卡，唯有先看见与了解自我的本质，也就是回应"我是谁？"发现你对自我的观感为何，了解自己的优势与缺点，身为父母的你，才有办法替自己的问题对症下药，并针对自己的角色扮演做出改变，进而改善亲子关系。因为"自我观感"，是解开一切亲子沟通问题的钥匙。

回应"我是谁？"是一个看起来不该是问题的问题

对许多人来说，"我是谁？"的提问，是一个看起来不该是问题的问题，但你真的知道自己是谁吗？其实终其一生，我们都在思考这个问题。比如：童年时，你定义自己是父母的子女、家中的老幺；青春期，你定义自己是领导者（班长）、优等生；结婚后，你定义自己是别人的亲密伴侣；为人父母后，你定义自己是一个负责的父母。随着每个生命阶段的转变，你的自我观感、对自己的看法，都会因成长阶段的各种际遇而改变。

当你在成长过程中，以不断变化的不同方式看待自己时，你会发现，自我观感并不是固定不变的，相反地，你的自我是一个不断进化、改变与成长的"过程"。我们的自我在一生当中高低起伏、隐没又再生，经由与他人互动，以及在他人身上反映出的自己，塑造出了我们的自我。因此，你的"自我"并非天生，而是在与他人的互动当中慢慢发展出来的。也就是说，你如何定义与看待自己并建立自我观感，还是要在与他人的沟通中来完成。所以，要回应不断变化中的"我是谁？"这个提问极为复杂，它是我们一生永不间断的一个课题，也是一个重要与必要的思考。

从字面看来，和自己沟通，有何难处？但事实上，想想当你既是观看的人，同时也是被观看的对象时，你如何可能清楚与完整地看见自己？"每个人都有盲点"这句话就道出了自我沟通和认识自我上的困难。自己看自己，其实是很难看清楚的，总有些地方是你自己看不到或是不想看到，甚至是想看也看不到，或者其实是自己都不想看到的。回应"我是谁？"是生命最大的迷思，也是一件艰巨的心灵基础工程。你，关心过"我是谁？"吗？你能回应这个提问吗？

你是否了解：做父母前，你是谁？ 为人父母后，你又是什么样的父母？

你是否曾经思考过：我，作为一个人，是怎么样的一个人？而作为父母，又是什么样的父母？

我是如何存在于孩子眼中？——也就是孩子是如何想象和看待我的？ 成为父母前，我是透过和他人的沟通、众人投射的评价，发展成现在的自己；而成为父母后，我是透过儿女对我的角色反应与期待，来修正学习"父母"这个角色应该怎么做、应该怎么说、应该怎么想。

作为一个父母，我们需要与在意的是了解，儿女怎么看我？怎么说我？ 他们如何形容我？ 在他们的心中，我又是如何存在，或者说，是以什么角色和位置存在？ 这一连串的自我提问就是所谓的"自我沟通"，也是我们所强调的自我教育的核心议题。透过自我沟通来认识自我，回应："我是谁？"其实是每个父母在亲子沟通中最重要与必要的课题，也是亲子沟通的基础。然而很多人根本就不在乎"我是谁？"，也从不认为回应"我是谁？"是个需要关注的问题。

这一生，你可能都对自己一知半解，有时觉得自己是一切，但有时又自觉好像什么都不是，许多人会自认：最了解自己的就是自己，因此不必多想，反正"我"就是"我"。

但你真的能够回答：成为父母前，在你自己心里，你是谁？

你是怎么看待自己的？ 做父母后，你又是什么样的父母？你如何看待自己的角色？ 而进一步来说，你了解在孩子眼中，他们又是如何看待你的吗？ 人们往往太习惯自我的存在，而较少思考这些问题，却不知这些才是为人父母最值得探究的问题。

因为，一个人若欠缺自我了解和省思的能力，会深深地影响他的人际关系，而一个父母如果也不清楚自己是谁，无法了解自己是什么样的人，始终以自我为中心而不思改变，也会使亲子关系面临层层的考验。毕竟，成为父母前，你原来是什么样的人，此刻就会成为什么样的父母，而你怎么看待你自己，就会怎么对待你的儿女，所以，父母的角色，说白了，就是你对自我观感的所有投射与表现！

在成为父母的过程中，我们重新遇到了自己。在孩子眼中，我们看见了过去从没遇见过的自己；那个不曾被自己看见的"自我"。孩子看见了真实的我们，并且透过各种平和与冲突的互动，让我们不断发现新的自己。在孩子的眼中，我们找到了自己在这个世界上存在的感觉，在学习亲子之爱的过程中，我们自省与成长。

自我沟通："认识自我"是所有沟通的基础

"自我沟通"简单来说，就是我们在自己内心进行的自我对话或独白。其实生活中的每一刻、每一个场合，我们都不断地在做自我沟通。要了解他人之前，先要了解"自我"，因为我们对自我的了解，往往是我们借以推想与理解他人行为的参考，同时也会影响我们与他人互动的行为表现。简单来说，"自我沟通"是了解自己的开始，也是向外联结的起点，它更是所有沟通的基础。充分的认识与了解自己——自己的优缺点、强弱处，能够切实掌握自己的人，才能与外界达成更好的沟通。自我沟通不仅可以帮我们建立与认识自我，也能提升自我和达成超越自我的功能。

回应"我是谁？"：先了解什么是"自我"（Self）？

什么是"自我"？ 自我，也称作自我观感或者自我概念（Self-concept），主要是指我们对自己存在状态的感知（Perception），也是我们对自己身体、社会角色和心理特质进行自我评价的结果。当你透过社会比较，觉察到自己与周围其他人与物的一切差异时，你看到的，就是你的"自我"。

作为一个人，对你，意味着什么？ "你是谁？" 当你认识自己时，你认识到了什么？ 你是如何认识自我的？ 一般人在描述自我时，往往都是以外在的身份、地位或角色来描述自己，也就是说，我们都是在特定的背景下，来理解"我们是谁？"比如，给你五分钟，你会怎么回应"我是谁？"可能你第一个回应就会是："我是一个妈妈／爸爸""我是一个老师""我是一个妻子／丈夫""我是……"我们也常会因场合的不同，对自己有不同的描述，因此，我们不禁困惑，究竟有没有一个不因场合背景不同而改变的"真正的自我"？这个真正的自我，就是"本质的自我"（希腊语：Ego；英语：Self），也就是一个人对于自身个体存在、人格特质、社会形象所产生的一种认知。这里提到的"本质的自我"的概念，其实某种程度上接近前面的提问所希望探讨的核心：没有父母的角色加身前，你是谁？你本来的样子如何？我们希望寻找与回应的正是，那个在你心中"更本质的自我"。

事实上，自我是一个极为复杂的概念，而我们也绝对无法自己意识到"自我"这个概念，因为你的自我存在于他人与你之间，只有当我们透过社会比较，觉察到自己的一切和周遭其他人的差异时，才会发现"自我"的存在。你也会从中发现，自我其实不是完全由自己主观意愿建立的，而是在与他人和社会的沟通中产生（在本书第二章会有更详细的说明）。它也不是恒久不变的，而是具有整合性、不可分、多面向且可变化以及连续性发展的一种动态。所以事实上，一个人的自我观感是一种动态且不断持续改变的"过程"，而不是一个固定不变的"状态"。

在亲子沟通中，一切行为的发生，都与你是否拥有一个实际且正面的自我概念紧密相关：你怎么看待与对待自己，就会怎么看待与对待你的孩子。所以，当你对自我拥有清晰与正面的概念时，你自会明白自己是一个什么样的父母。觉察"自己为什么会是这样的父母？"且有能力改善自己，成为更好的父母。

然而，在我的实践观察中，看到很多父母连本身的自我都没建构起来。没有真实的自我，也没有自己的见解看法和自主性，所以在亲子教育过程中，往往只知追随社会集体标准，跟从大家认同的价值、崇尚众人认可的表现。别人怎么样，自己就要怎么样，而孩子也因此遭殃，被迫跟着集体的队伍，不问对错与意愿地一路向前。

所以，与其教育儿女，做父母的必须先了解自我，接着改变自我，一步步朝着更好的自己去努力，唯有把自己变得更好，才能培育出健全的孩子。其实教育孩子，有时只是父母安慰自己的说法罢了，亲子教育的本质，从根本来说，是当父母把自己教育好了，孩子自然会反映你的美好。换句话说，做父母的，若自我观感正向健康，孩子自然也会变得积极乐观。

在生活中，我们不难观察到，圆满亲子关系的共同点是：父母对自我有适切的了解、能教育好自己，并懂得适时改善自己。而冲突的亲子关系也有一个共同点是：父母始终无法觉察与反省自我存在的问题，反而处处指责孩子的不是，要求孩子改变，自己却丝毫不变。父母的自我会如实地反映在他的言行举止上，也会深深地影响孩子看待事物和世界的角度。因此你

的自我像一面镜子，让孩子总在照看镜子的同时，看见你的美好或不堪的自我。而一个孩子的自我和世界观的建立，就是从与你之间一次次"互为明镜"的互动而来。

"我是谁？"
是自我教育的第一课题

　　回应"我是谁？"是父母自我教育的第一个课题。乍听之下，你或许会很纳闷，"我是谁？"和父母的自我教育有什么关系？简单来说就是，"你自认是谁？"和"你是如何看待自己的"，就决定了你会是个什么样的父母。因为你对孩子的反应和对待方式，会与你看待自己的角度和方式一致；也就是说，"你认为自己是谁"，你就会在孩子身上投射出那样的自我。举例来说，如果你是一个内心恐惧不安的父母，你的恐惧越大，你眼中小孩的问题就越多，而你对孩子的要求与控制也会越强。反之，当你是个安适、无惧的父母，你的孩子便会自在、自然地成长。事实上，孩子与父母是互为明镜的，孩子在你的镜中看见他自己，你也在孩子的镜中看见你的自我。孩子更是一个敏感的接收器，他接收并反映了你自己并没有意识到的自己，和你的所有讯息。所以，你清晰，孩子就清晰；你自在，孩子就

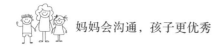

自在。这就是为什么在亲子教育中，我们相信，不存在有问题的孩子，只存在有问题的家长。

所以，当你发现孩子出现问题时，首先要在自己的身上寻找问题的根源，而关键就在回应："我是谁？"只有当你能够从"我是谁？"的回应中找到真实的自我，并发现自己的问题时，才可能解决你在亲子教育中面临的所有问题。所以，亲爱的父母，请开始思考与回答："我是谁？"你要的所有答案，就藏在这个提问中。

自我观感影响所有的沟通与关系

"自我观感"是一个人对于自己的认识和看法，它是混合了父母、家庭成员和重要他人对我们的看法、反应与期望所形成的。简单来讲，就是对于"我是谁？"这一个提问的所有可能回应。

从幼年时，我们就开始进行模仿父母的角色扮演，而我们扮演的角色会得到父母和重要他人的褒贬，从这些反馈所传达的讯息中，我们开始认识自己，虽然并不完整，但我们看待自己以及与他人互动的方式，会越来越与他人看待和对待我们的方式一致。也就是说，在与他人持续的互动中，我们的言行不断受到评估与修整，也因此发展出较完整的自我观感。

自我观感可说是一切沟通行为的基础，它决定了我们是一个什么样的沟通者，影响着我们与人互动时，如何发送与接收讯息，也影响我们对沟通的态度。譬如自我观感负面的父母，会因为不愿面对儿女对自己的真实看法与自己所想象的不一致，进而选择性的过滤、扭曲，同时排除威胁他们自我观感的讯息——也就是逃避所谓不中听的话，并刻意隐藏自己不满意的负面形象，而活在一厢情愿的角色中。因为缺乏自信，他们在管教儿女时，对孩子的该与不该也会有较僵化的坚持与固执，像儿女应该怎么活、事情应该怎么做、人生的路应该有什么法则等等。反之，一个拥有正面自我观感的父母则会感觉自己与儿女平等，而给孩子更多的自主和尊重，他们的个性较开朗、较能接受不同的观点，因此对事情的看法灵活有弹性，不会坚持己见，也有自信面对与处理问题，最重要的是，他们有改善自己的意愿和能力。

而从"预言成真的效应"（Self-fulfilling prophecy，下一章将会详细说明）来看，每个人的行为确实都会倾向于与他的自我观感一致，也就是说，你自认是什么样的人，就会有什么样的行动。比如当你说"我就是没办法面对孩子失败"时，你就展现了你自我观感的某一面，你会因为害怕儿女失败，而强力主导或控制孩子的表现。而当你自认是个不快乐且讨厌自己的父母亲时，你也会将这样的负面观感与心情投射在儿女身上，对他们嫌弃不满且处处挑剔。毕竟，一个厌恶自己父母的人，如何能教出一个爱自己的孩子呢？

父母的自我观感深刻地影响着他们的教育方法，以及与儿女互动中的言行表现和沟通态度，最后培养出天壤之别的孩子。我们常只直接看到孩子间的差异，却忽视了真正产生差异的背后原因，其实是来自这些父母在"自我"本质上的差异。因此，父母们请不要忽略了，在教育儿女前，先弄清楚"我是谁？"只有正确地掌握你的自我观感，并能不断改善与提升，才是改变问题孩子的第一步。

父母的"自我观感"为何会影响亲子关系与沟通质量？

一个人如何看待自己与自身的沟通行为有绝对的关联。只有当你能够了解"自己是谁"，同时也能掌握别人如何看待你——也就是"你眼中的自己"和"他人眼中的你"具有高度一致性时，你才能避免产生自我感觉良好，或出现一厢情愿造成他人困扰的沟通行为，进而自在并称职地扮演好任何角色。

所以，为人父母，我们得先回应两个提问。一是"在成为父母前，你是谁？"：你的自我观感如何？ 或者你是怎么看待自己的？ 二是"做了父母后，你又是谁？"：你如何看待自己为人父母的角色？ 还有，你自认是个什么样的父母？ 理清这两个问题是同等重要的。如果你能清晰地了解，在成为父母前，你自己是谁、你的自我观感如何，在成为父母后，你自然可以想象或掌握自己将会是个什么样的父母，或者说，你为何会成为那样的父母。所以，若能理清成为父母之前和之后的"你是谁？"并了解"为何会成为现在的自己？"那么你的父母角色扮演自然会更适切自如，亲子关系与沟通也会变得更顺遂圆满。

三十多年的教学与辅导经验，我深刻认同，问题孩子的背后，必然都有问题父母。与其分析孩子的错误行为模式，我通常会反过来在父母身上寻找问题的根源，去追问是什么样的父母和教育过程会制造出一个如此受伤、行为偏差和性格扭曲的孩子？如果说孩子的美好，是父母正确辛勤耕耘的结果，那孩子的问题，就是父母荒疏不当或观念有误的培育出了状况。换句话说，孩子出现的问题，其实是父母自身问题在孩子身上结出的果。

父母的自我观感直接且巨大地影响了他的亲子沟通行为和教养态度。试想，一个充满负面自我观感的父母，内心自卑不满，他会如何对待与要求孩子？他能够克制隐忍自己的不满，以一种正面包容和肯定的态度，接受并鼓励儿女的任何表现吗？应该很难。而父母的这种负面观感看在孩子的眼里，自卑难堪只会加倍。反之，能够活出自己的幸福和满意的父母，看在孩子的眼里，幸福满足感必然也会加成。而最重要的，这种父母能让孩子从小活得"零负担"！

所以，你的心中是充满愤怒、讨厌自己的，还是自信与快乐的？ 请先检视你的自我观感。因为一个让儿女感觉温暖与贴近的父母，首先必须是一个爱自己、懂得照顾自己的感受，并且珍惜与爱护自己的人。做父母前，你要先成为这样的人，为人父母后，你才不会变成子女眼中那个爱得一厢情愿、让他们感觉窒息的父母。

总之，父母常常将自身问题投射在儿女身上，因此，儿女出现的问题往往是父母自身的问题，也就是父母自身负面自我观感的外在投射。孩子都是透过父母的眼看自己并了解世界的，父母怎么看待自己，决定了孩子的命运。因此，父母应该成为孩子的榜样，一个能够自我实现、内心安稳喜悦、活出幸福的父母，才是孩子最想得到的礼物，也是父母能给孩子的最好的示范与鼓励！

亲爱的父母们，真正的教育从自省开始。如果说，什么样的父母，就会教养出什么样的子女。那么，我们也可以这么说："有什么样的自我观感，你就会成为什么样的父母！"所以，你若想把对孩子人生道路最好的给予他，你就必须先把最好的自己呈现出来！

父母的自我教育：
认识你的自我观感

对"我是谁？"的探索，从掌握"自我观感"开始。因为自我观感不仅深刻地影响你的所有沟通，也会影响你在亲密关系中的表现，所以，了解你的"自我观感"是父母自我教育的基础。其实从幼年起，我们就开始拥有了一些近似信仰的自我看法，比如自认长得漂亮、有吸引力、声音很美、很聪明、很有人际魅力与说服力或者自觉是个成功的领导者……无论这些自我的看法如何，都会影响我们的沟通和关系的建立。事实上，自我观感不仅是我们看待自己的方式，也决定了我们怎么生活、事情怎么做、生活怎么过，更重要的是，影响我们对待他人的态度和方式。

因此，了解你的自我观感如何，便不难推想你会是一个什么样的父母，也能理解与解释你为人父母的种种作为、角色扮演行为，包含你对亲密关系的处理模式以及对待孩子的态度等。

所以当你对孩子期望太高，是因为不能接受自己的平凡；对孩子控制太多，是由于无法控制自己。父母如何对待孩子，取决于他心里的自我，展现给孩子看到的自己是什么样子。

在这种情况下，你若拥有正面的自我观感，且善于自我觉察与反思，就会努力改善与提升你的自我观感。当然，如果你本身的自我观感低落，便会抗拒面对真实的自己且排斥改变，也欠缺自我改善和解决问题的能力，自我封闭地成为一个活在自我世界中的人。

做父母的你，是否了解自己为什么会成为眼前这样的父母？ 你的"自我观感"如何？ 你真的认识自己吗？ 父母若能了解自己，就可以少走很多弯路，既可以避免失败，又容易幸福！

你的自我观感是由三个面向组成的

你的自我观感评价的高低，必然会导致在角色扮演上的差异。然而，一般人都认为自我观感是种很"抽象"的东西，无法被清楚地掌握或看待。确切来说，自我观感是我们由自己的经验，以及与他人互动中得到的多重自我的感知。它包含三个内涵，分别是："身体自我"（Physical self）"社会自我"（Social self）以及 "心理／道德自我"（Psychological self），我们在和他人互动中（尤其是重要的他人和参考团体）发展出这些不同面向的自我观感与看法。而无论我们对自己的看法如何，它都会影响我们的沟通行为与关系。所以，弄清楚什么是"自我观感"，并且了解你的自我观感，你就可以掌握亲子教育中的许多问题。接下来我们就分别解说这三个自我面向的内涵。

身体自我

"身体自我"是我们对整体自我观感的一个部分，也是在我们生长发育过程中，自我意识中最先萌发的一个部分，它涉及我们对自己的相貌、性格、身体能力……的看法。如果从小，父母就对孩子说："你是个丑小鸭""长得难看"，或者你生下来就有先天缺陷，而父母总是拿孩子来和其他人比较，让孩子感觉自己的外形长相不如人，孩子对他"身体自我"的评价和观感必然较差和不满意。反之亦然。

社会自我

"社会自我"是自我观感组成的另一个部分。每个人生活在社会中都会受社会的影响，因此自我并不是单纯的随心所欲、完全由自己独自建构，而是被打上社会烙印的自我，那就是社会自我。你是谁以及你如何看待自己，都是由集体认同所决定

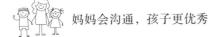
的，它就是你对自己在社会生活中所担任的各种社会角色的知觉，包括对各种角色关系、角色地位、角色技能和角色体验的认知和自我评价。简单来说，你对自己扮演各种社会角色的评价，会形成你的"社会自我观感"。比如你对自己做人儿女，为人父母、妻子／丈夫、男女朋友、友人时，都会由他人的反应中获得自我评价的基础，并从中建立你的社会自我观感。

心理自我

第三个面向是"心理自我"。心理自我是指你对自己的心理属性、情感和评价，包括对自己感知、记忆能力、思考、智力、性格、动机、需要、价值观和信仰行为……的心理过程、心理状态和心理特征的认知与自我评价。譬如说你觉得自己是个很有道德感、能独立思考、有坚定的信仰系统且实践目标的能力很强的人，你的心理自我评价和观感自然会是正面的，自我观感的评价也会因而提升。

你对以上提到的"身体自我""社会自我""心理自我"三个自我面向的评价虽然各有高低，但他们其实是彼此相关的，所以如果分别给这三个面向的自我一个分数，并将这三个分数加总起来除以三，得到的数字就是你给自己的自我观感的评分。接下来，我们就透过练习，让你检视你的"自我观感"并更加了解你自己。

沟通的实践训练：好好了解你自己

观念应用练习（1）

◎先来为你的"自我观感"评个分吧！从 0 到 100 之间，请你很快地以"第一直觉"给你现在的自我观感打个分数。自我观感包括本章提到的：你对自己的"身体自我""社会自我""心理自我"等三种层面的自我认知。从 0 到 100 之间，你会分别给你的"身体自我""社会自我"和"心理自我"几分？将它们加总除以 3，就是你的"自我观感"平均后的总分。

写下你给"身体自我"的分数：＿＿＿＿＿＿

写下你给"社会自我"的分数：＿＿＿＿＿＿

写下你给"心理自我"的分数：＿＿＿＿＿＿

你的"自我观感"平均分数是：＿＿＿＿＿＿

◎请你想一想，这个分数对你来说，是高分？还是低分？你满意这个评分吗？问问自己：你为什么会给自己这样的分数？

你觉得自己最好与最不好的地方是什么？或者你最喜欢与不喜欢自己的地方是什么？请记下并和儿女或家人分享这些理由。

观念应用练习（2）

你对自己做父母的角色评价如何？ 会给自己打几分呢？你认为自己表现最好的地方或强项是什么？ 请将它们写在左边这个表格中的上半部，下半部则是写下你自认的弱点或最不满意的特质，并想想你有什么自我改善的目标与做法？

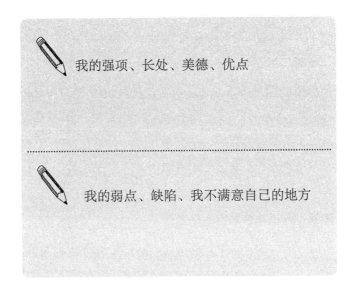

我的强项、长处、美德、优点

我的弱点、缺陷、我不满意自己的地方

构成"我是谁？"的重要拼图：
你其实有"五个不同版本的自我"

一个人的自我观感未必是全面的正向或负向，而是混合的。

比如一个事业成功的女性高阶主管，在工作领域上备受推崇，而拥有高度自信，却可能因为婚姻失败或亲子反目而失意自责，所以我们不仅有一个自我，而是有许多的自我，也就是说一个人的自我其实有多重版本，而不同版本的自我之间，往往也会有相互不一致的现象。

但是一个人怎么会有相互冲突的自我呢？从 Roger D. Casagrande（罗歇·D.卡萨格兰德），Diane. O.Casagrande（迪亚娜·D.卡萨格兰德）在 1986 年提出的自我多重版本模式（参见本页）中，我们可以了解到，自我其实是一个多重面向的拼图，它包含了五个不同的自我版本：

◎我自以为的版本

◎我想我在你眼中的版本

◎我的隐藏版

◎我在你眼中的版本

◎我想你认为我自以为的版本

而每一个自我都是时时在改变、既相关又互相影响的。这个理论的核心指出，我们今天与别人的关系，其实是和我们过去的背景相关，也会从而影响到我们未来的关系。在现实生活中，我们每一个人都是借着与别人的沟通来发展出自我的观感，而这个自我其实是超乎我们想象的复杂。

接下来我们将先说明各种自我版本间的差异，再来探讨这些面向的自我，会在亲子沟通的情境中造成什么影响。之后，

透过练习的方式，让你检视你的自我观感和儿女对你的看法之间是否存在落差，并得知落差的原因。

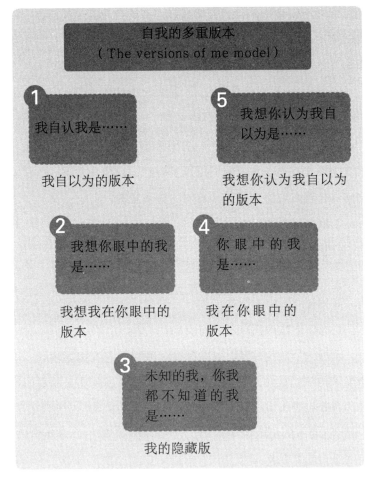

本图出自 Casagrande, Diane O. (1986). *Oral Communication in Technical Professions and Businesses*. U.S: Woodworth, Inc. (P.101)

◎我自以为的版本（我自认我是……）

上图由左上开始依序下来的第一个面向是"我心中的自己"，就是"我认为自己是个……样的人？"比方说，因为我是个全职妈妈，所以可能我会认为"自己是个全心为孩子着想的好妈妈"，但这是你单方面的看法或自我的观感。这是五个自我版本中，你自己最清楚且明确的一块。

◎我想我在你眼中的版本（我想你眼中的我是……）

第二个版本"我认为你心中的我"和第一个版本——"我心中的自己"一样，都是以"我"为出发点，来看自己或臆测别人对自己的看法。延续前例，我辞职在家带孩子，是为了爱孩子，所以我"自认是个好妈妈"。当然，我想孩子理所当然也是这么想，并会感恩。然而，这个面向的自我，只是由"你"自己的主观角度，去猜测、推敲孩子对于你的看法，但事实上，孩子对你的看法确实如此吗？其实未必。

◎我的隐藏版（你我都不知道的我是……）

这个版本的自我是你我都不了解的自我。"我自己不知道，别人也不知道，但可能存在着的自我"面向。这类自我的发掘，通常都是肇因于某些突发情境，比方说，"我一直以为自己是个事业心极强的妈妈，别人也这么看待我，直到有一天当了妈妈，我发现自己竟然可以毫不犹豫地辞去高薪工作，成为全职妈妈。"这就让你看见了自己和他人都不了解的自我。

另外，"我们都不了解的我"也常会在非常情境下显现。最显著的例子就是，新闻报道有些走投无路的母亲带孩子走上绝路的事件，一个平时看似温和慈爱的母亲，在遭遇家庭变故又无生活能力时，也会做出不顾自己和伤害孩子的行为，令所有人为之震惊。如此的惊人之举，就是自己和他人都不曾见识过的一面。

当然，我们也可以将这个"未知的我"视为一个可被开发的自我，透过正确的方法去引导，将潜藏的自我潜力激发出来。所以我们常听闻有些父母会把孩子送去潜力开发营，目的就是去激发他们心中那个更深层，并未被发现的自己。

◎我在你眼中的版本（你眼中的我是……）

这个自我的面向，已经跳脱以"我"为主的视角，而纯粹是由对方"你"的角度来观察、评价我这个人，直接反映出，你在别人心中的样子，也就是别人是怎么看你的？而这个面向往往也是我们最不愿面对或不能接受的自我。以前例来说，孩子对你放弃工作、成为全职妈妈的看法究竟如何？只有直接与他们对话，你才会真正得知。当你认为自己是为孩子着想的好妈妈时，孩子未必认同这种做法，或者以"好妈妈"的角度来看待与感谢你，而当你发现了这样的角色认知落差，势必感觉难受。所以，"我心中的自己"和"你眼中的我"两者间最容易产生落差，也是导致亲子冲突的主因。如果亲子间从来没有对话，这样的落差便没有改善的机会。

◎我想你认为我自以为的版本（我想你认为我自以为是……）

这个面向的自我较为复杂，指的是我们其实都会去想象别人知不知道我们是怎么看待自己的，所以通常会猜测别人的心思，而刻意去遮掩自己真实的样子，以迎合别人对你的想象。比如前例中，放弃工作的全职妈妈可能会想："我为孩子放弃工作，别人应该会认为我自以为牺牲的决定很困难，是一件壮举，但其实照顾家庭和孩子本来就是我最喜欢做的事！所以这个决定对我一点也不困难且毫无挣扎！"

朝"五个面向一致的自我"努力

在了解五个不同版本的自我拼图以后，我们自然会明白，其实人与人间的关系冲突，都源自这五个面向的自我不一致，亲子关系的冲突亦是如此。比如我们常见到周遭有些自以为是且"自我感觉良好"的父母，他们无视儿女对自己的期待与看法，反而时时抱怨孩子对自己不体谅、不知感恩图报；而有些父母则是"自我感觉不好"，但他并不清楚儿女对他其实是肯定的，长期活在自设的悲观负面情绪中，缺乏自信。因此，取得这五个自我面向的一致性，是值得父母努力的目标。

不要成为"自我感觉良好"的人

如果亲子沟通的双方都愿意花时间深入探索，并能清楚掌握自己不同面向的版本，而不是只活在"我自以为是"和"我认为你是怎么看我的"这种一厢情愿的自我想象当中，亲子关系自当获得改善。举例来说，很多父母会对孩子说："我对你这么尽心尽力，你为什么就是不懂？""我做什么都是为你好，你为什么不明白？"但是孩子却无情地回复："你最好是尽心尽力了啦！""你这样做，根本就不是为我好，是为你自己好！"这时候你可能会饱受委屈，不解为什么孩子想的和你想的、他感受的和你感受的有如此巨大的差异。原因就在于，你其实并不了解这五个自我的版本，而忽略了你自己想象的和孩子实际上看见的你是多么不同。因此长久以来，你都是以自己一厢情愿的想象去爱孩子，而造成他们的痛苦负担。当我们不愿或害怕面对"别人眼中的自己"时，一言以蔽之，这就是犯了"自我感觉良好"的问题。

亲子沟通的障碍，常是肇因于父母一厢情愿活在自以为是的角色中，而不理会孩子是如何看待你，更不在意去回应孩子对自己的角色看法与期待，陷入"自我感觉良好"的泥淖中，因此每每猜错孩子的想法，而产生亲子冲突。

脱离"自我感觉不好"的困境

既然有人在亲子关系、人际关系上自我感觉良好，那么当然也会有自我感觉不好的例子。举例来说，一名单亲母亲独自抚育儿女，长年下来都觉得对孩子们有所亏欠，无论是没办法给孩子一个有父亲的完整家庭，还是微薄薪资只够让孩子拥有一般的生活环境，都让她觉得自己是个不及格的妈妈。她在自我的五个面向中"我心中的自我"这块，可能给了自己很低的分数，同时认为孩子也应该是这么看待自己的。

然而孩子真的是这么认为的吗？ 并不一定。孩子在成长过程中，也许早就看到妈妈的辛苦与无奈，觉得即便妈妈无法给予他们富裕的生活环境，但也已经尽力做到最好，对孩子而言，他们心中的妈妈已是个超级完美的妈妈，一点也没有可以挑剔的地方，也认为能做妈妈的孩子，是值得骄傲的。

但是当这个例子中的家庭成员彼此间没有沟通，妈妈和孩子们都不了解自我，每个成员也都不清楚各自的自我观感，没有去互相沟通、彼此了解时，可能就会发生"妈妈觉得自己无法给孩子更好的生活，觉得自己是个不及格的家长，而自我观感低落"，而孩子却是"不解为什么妈妈明明很棒，却一直自怨自艾、情绪低落"，此时如果他们愿意去了解对方的想法和看法，使得自我的五个版本可以愈趋一致，这位单亲妈妈或许

就会得到自信，发觉"原来孩子不但没有埋怨我，反而给我高度的评价和满意度"，因而决定"不再自我放弃"，成为有自信的妈妈；而孩子也会因为知道妈妈的困扰，适时给予协助。

掌握亲子双方的"自我观感"
是解开沟通问题的钥匙

在我多年辅导咨商的经验里，我接触过许多行为偏差，或者人际关系有问题的孩子，在与他们沟通的过程中，我总会问孩子一个问题："作一个沟通者，你认为自己的表现如何，你给自己打几分？"通常这类的孩子都会给自己一个不及格的分数。这样的案例几乎没有例外，验证了自我沟通的理论观点："自我观感影响所有的沟通行为与关系的发展。"同理，亲子关系的问题，往往反映的是父母负面或低落的自我观感。

也就是说，一个孩子负面的自我评价，往往会反映在某些特定的问题行为上。同理，一个很失意或是觉得十分挫败焦虑的父母，也会有同样的问题。一个对自己评价很差的人，一旦成为父母，他对角色负担的焦虑可能会日益增长，却没有能力安抚自己焦虑的心情，转而将负面的自我观感和不良情绪全面投射到子女身上，期待以孩子的表现来补偿自己，甚至透过强

力主导控制的手段，压迫孩子以更大的成就回报自己的付出，彩绘自己黯淡的人生，这都会造成亲密关系的障碍。反之，一个能够实现自己梦想且活得自在开心，拥有良好正面自我观感的父母，有什么理由去压迫孩子呢？

如何缩小亲子双方的角色期望落差？

我们的自我观感会随着他人的影响而改变，所以他人对我们所抱持的期望，便是我们的自我观感形成的重要因素之一。

在亲子沟通中最常遭遇的问题是"孩子期待你扮演的角色"与"你自己想要扮演的角色"之间，往往会有差异，让你变成一个一厢情愿去付出的父母。最常见的状况就是前面提到的：孩子期待你是一个不过分期望、要求与干涉，主导甚至控制的父母，而你却期望孩子凡事乖顺、妥协、好好听话，当个循规蹈矩的学生，你既没有回应孩子的期待，孩子也无法满足你的期望，成为你希望他成为的样子，这种双方期望的落差，就是造成亲子关系疏离的主因。

因此亲子间如何缩小"自己和他人期待"间的落差，找到两者间的平衡点，势必是一个需要不断尝试沟通的过程，但无论如何，你首先要知道自己是个什么样的父母，然后才能适切地回应他人的期望。有些父母可能会说："我不在乎孩子喜不喜欢我，我只想做一个让孩子成功的父母，即使他们将来长大恨我，我也不在意！"这是不可能的。沟通学告诉我们，这世界上的每个人都想成为自己，但也同时期待获得他人的接受与肯定赞美，才能安适地成为那样的自己，也只有当自己受到别人肯定、赞美、喜爱的时候，你才会更加喜爱那样的自己。

"成为彼此都满意的角色"这个过程并不容易，事实上，我们的一生都在既要做自己，又要得到他人肯定的过程中彷徨与挣扎，不是吗？

强化与改善自我观感的方法

"没有人可以预先练习当一名父母"，然而在成为父母的过程中，你如果能够借由了解自我，进而发现扮演自己和儿女期待之间的角色落差，然后去改善自己，最终总能赢得儿女的心。一个能够在不同自我版本间取得一致性的人，一旦成为父母后，必然也会是一个较少盲点且能和子女和谐共处的父母。

很多人在有了孩子以后，总是觉得自己在父母的角色扮演上无法得心应手也不够称职，懊恼为何不能做得和其他父母一样好。其实这都是多虑了，毕竟家家有本难念的经，我们不需去羡慕其他父母或其家庭环境，而应从教育与提升自己做起。首先尽心检视自我观感，从中看见自己的缺失和个性特质，并

确立自我观感的改善目标，学习成为一个持续努力与不断成长的爸妈。只要能缩小自己的角色扮演和儿女期待之间的落差，便能逐渐拉近和孩子的距离。

如以上的说明，自我观感的本质之一，就是它是一个动态与持续改变的过程。因此，我们要去改变没有建设性和阻碍进步的自我概念，学习强化、改善眼前的自我观感。以下就是你如何改善自我观感的方法。

致力改变的意愿：追求成长的信念是最重要的原则

所有的改变都需要从意愿与动机开始。致力改变的信念，是最困难也是最重要的原则。因为，有些人会抗拒改变，所以自我观感的改变，本来就是一个需要持续不断努力坚持的过程，此外，在改变的过程中，势必还是会有阻碍存在，而动摇了你的决心。比如你决定要和孩子多亲近些，而主动和他们接近或提出两人独处的邀请时，这突然的改变可能让孩子感觉很突兀而当场拒绝你，这时你的决心可能就会动摇。

但是，亲爱的父母们请了解，改变一个与自己几乎共存了一生的自我观感，本来就不是一件简单的事，更不可能瞬间发生，也无法基于一念之间的热情、嘴巴说说："我想要成为更好的人、更像我自己"或是"我想成为更好的父母！"就行了，而是要付出心力、展现实际的行动。只有坚定自己的意愿与决心，不断尝试，才能让改变开始发生。

以专业知识引导改变：正确的知识是必要的工具

然而，光是信念并不足以让你的自我观感产生有效的改变，你仍然需要以专业知识作为基础。所以请你充分理解本章以及本书中所提到的相关学理，并配合练习，来检视你的自我观感中有多少是源自于父母、家人、社会观点，哪些是不合宜或者是对你的限制，然后你才会有改善自我观感的具体目标。

此外，多与对你善意和支持的人互动交谈，也可以帮你改善个人观感，这些人可以在你的自我观感改变过程中，提供有效的回应与反馈。当然，更重要的，你也可以从这些人的身上，学习到他们的长处，作为改善与调整自我的参考。

为改变设定具体的目标与实际的行动方案

在改善自我观感的过程中，你需要设定一个实际且可能的具体目标：确立一个你想改变的方向，它可以是行为、自我预言的改变或任何其他方面的目标。

事实上，我们为自己订定改变自我观感的想法，一般都会因太过笼统、抽象而不可行。因为无法确实了解学理并应用所学进行练习，所以对于自己要"改变什么"及"如何改变"，

往往会出现一些笼统的想法。比如说："我要成为更好的父母""我想要尽力变成孩子的朋友"，这样的目标太模糊，无法具体实践，除非你能进一步确立好父母的角色有什么内涵或行为表现，以及成为孩子的朋友要具备哪些条件等。你需要使用非常肯定的语句激励自己，例如："我要成为一个更懂得倾听的父母，仔细地倾听孩子说话"，或是"我要更尊重孩子，做到不去批评孩子的想法或任意给他建议"，也或者"和孩子一起重新检讨一些家规和可以改进的沟通模式——像不对孩子大声叫嚣、发泄情绪、不任意批评、责罚、做决定可共同讨论或订定家庭沟通时间"等等。

但是，父母们请不要将目标定得太高，以求能够实际、可行地具体展开你的初步改变计划，同时也请你列出明确的行动方案，去呼应与具体落实你的目标。比如"我要让孩子知道，我排除了所有杂事和意念，很用心、专注地练习听他们说话""我这星期要在周末安排和孩子独处的时间，私下和他好好谈心"等。此外还可以尝试把这些目标与行动方案，写在卡片或纸条上，放在你看得到的地方，每次看见它，就会提醒自己维持这个改变的决心。

营造支持个人改变的情境

改变自我观感是一个需要极大信念才能持续努力坚持的目

标，所以在这一过程中，你需要和一些相信并鼓励你成长的人，来一起建立支持的环境。当你和肯定你的人在一起时，你们之间的互动会鼓励你坚定改变的决心。同时也要随时肯定自己，而不能让自己中途泄气，感觉自己能力不足而丧失信心，当你听见自己的内心说，"我不能，我做不到"，或者别人说，"你改变不了"时，请利用自我对话来肯定自己的努力和信念，大声对自己说："我能做到！我会改变！我可以继续努力！"等正面话语。改变自我观感需要一个支持你改变和成长的环境。请在自己和他人身上找到正面支持的力量，协助你达成自我改善的目标。

父母们，请提醒自己：如果孩子让你生气，别急着否定他们或感觉沮丧，而失去自我改变的意愿和信心并想要放弃，那或许只是因为你第一次主动尝试开启对话的行为，让孩子感觉不习惯、不适应，甚至无所适从而已，只要你愿意坚定地多试几次，他们最后一定会正面回应你。即使他们有些让你感觉不舒服的回应，也请耐心等待，只要他们最终肯开口，那就是他们对你最真诚、爱你的表现。

亲爱的父母，当你含辛茹苦地将孩子抚养长大，并一直用心地陪着他们一起成长，你应该相信，自己涓滴的爱会留在孩子的心里，他们不会放弃你，并愿意等待你成为一名更好的爸妈。你对他们的情意不也是如此？

沟通的实践训练：透过孩子来探究"我是谁？"

邀请孩子一起做这个实践训练。小孩是一个敏感的接收器，他会如实地反映出你的角色扮演的成果。以下我们将利用"提问与互动"的方法，来请你们亲子双方一起进行一场训练。

观念应用练习（1）

请孩子替你做个角色满意度评鉴吧！ 为了避免成为"自我感觉良好"的爸妈，请你替自己打个分数，同时也请孩子替你打个分数，借由这个评分，你可以了解在孩子心中你的表现如何？ 可以得到几分？ 同时借由你给自己的评分，来了解"你的自我观感"分数和"孩子对你评价的分数"之间是否一致？

这个练习可以为你提供很好的基础去掌握"你眼中的自己"，和"孩子眼中的你"两者之间的角色落差，作为自己改善的方向。无论孩子替你打几分都没关系，但是请记得，让孩子分享哪些是他们不满意而扣分的部分，并和他们诚恳地讨论："你觉得爸爸／妈妈怎么样可以做得更好？""你愿意帮助爸爸／妈妈有更好的表现吗？"如此一来，这个检视双方自我观感的练习才有价值。

观念应用练习（2）

另外，从孩子（也可以是家中其他成员，如配偶）眼中更深入地认识自己吧！ 透过与孩子一起练习探索你的五个"自我"版本，你会更清晰地了解与回应："我是谁？"以及"自己是什么样的父母？"以下的这个练习，不仅可以帮助你了解自己一厢情愿扮演父母角色的缺失，也可以让你检讨反思，为什么亲子之间会产生这些距离和落差，尝试确定自我改善的方向与目标。

请你和你的家庭成员共同完成以下这个"多重自我拼图"的练习，分别找出你和孩子的五个版本的自我。借由这个练习，你们亲子间可以真诚地面对彼此的自我观感和对方的评价间有何落差，并在这个基础上展开更深入的对话与自我认识。

了解"你的五个自我版本"。亲子间的对话练习可参考下面的范例来进行：

◎ "我自认我是"个怎样的父母？

父母："我自认是个负责、有爱心、能够理解孩子，也不会压迫和控制孩子的爸妈。"

◎ "我想你眼中的我"是个怎样的父母？

父母："你同意我对自己的这个看法吗？ 我想你也认为我是这样的爸妈吧！"

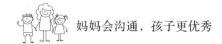

◎ "你我都不了解的爸妈"还可能成为什么样的父母？

父母： "我们如果能更信任彼此，更放松、自然地做真实的自己，或许就能发现一些隐藏的、我们彼此都不知道的自己。我们相互鼓励，彼此加油吧！"

◎ "你眼中的我"是怎样的父母？

父母： "如果你不认同我对自己的评价和看法，那可以说说，你是怎么看待我的？或是，你认为我是什么样的爸妈呢？你眼中的爸妈是什么样的呢？"

◎ "你想你认为我自以为是"什么样的父母？

父母： "我想你会以为爸妈都自认为自己做得很成功，是完美的家长？其实你可能不知道，爸妈常常都觉得很挫败。"

观念应用练习（3）

在你决定改善自我观感时，你要如何做出实际行动来改变自己？其实，所有的改变都需要从你的意愿和实际行动做起。因此，现在就请你依照以下的步骤，为自己订定一个改变的目标与行动方案吧！

练习：订定具体可行的目标，改善你的自我观感

◎请依据你在了解"我是谁？"的相关练习中（观念应用练习2）所陈述的回应（关于你的弱点、缺失或不满意的自己），

用五分钟的时间，以"我想改善我的……"为句首，尽量写下你想自我改善的所有目标。

◎决定一个你想改变的方向，可以是改变行为、自我预言或任何其他方面的目标，并在目标之后订定详细可行且可被检视成果的行动方案。

范例：

改变自我预言目标："我要改变自己的控制欲，不再强迫孩子一定要听我的话做每件事。"

行动方案："邀请孩子坐下来，听他们的意见和想法，沟通与重新检视家规的合理性。"

最后，我想提醒父母们，在邀请孩子进行沟通的实践训练中，如果孩子强烈地抗拒或有情绪反弹而推托，甚至在练习当中翻脸、怄气、冲撞你时，亲爱的父母，请耐住自己的性子，拿出最大的诚意和决心，对孩子说一句真心话："如果爸妈过去做得不好、让你生气，别急着否定我们，那或许只是经验不足的我们用错了方法，以不正确或不恰当的方式来爱你。但是你在长大的过程中是否也留意过，爸妈始终都关心和陪着你，我们也在悄然成长与努力，希望成为更好的爸妈。""如果可以，也请你给爸妈一些肯定，因为我们其实也是一个普通的人，也会脆弱，无助，感到彷徨与伤痛，同时也需要你的反馈和鼓励。"只有你真诚和持续地努力，才能打动和赢回孩子的心！

2

LESSON

会沟通的妈妈能让孩子更优秀

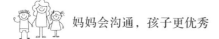

 ## "自我"是在与他人的沟通中产生

　　自我，简单来说，就是你对"我是谁？"的想法和信念。没有人一出生就清楚知道自己是谁和自己的价值，我们对自我的意识，通常是外界给予的。尤其在幼年时，我们都是从他人的眼中看到自己的形象，所以"自我"可以说是在与他人的沟通中产生的。"沟通"对自我的发展相当重要，其中，原生家庭的影响——包含父母和重要他人的角色——更为关键，因为家庭互动占据了我们早年生活的绝大部分，因此是塑造我们自我观感的基础。

　　总之，自我不是天生，而是从学习而来。同理，孩子的自我也是在与父母、重要他人以及社会的沟通中慢慢建立的。父母和其他家庭成员利用多种不同的沟通方式，透过明确的言行和附加的形式，如贴标签、设定身份脚本和反射评价以及社会比较的方式，传递孩子是"谁"的看法，以及他应该遵从哪些行为模式和价值观。虽然这些先入为主的判断其实并不正确，但父母往往却在缺乏自觉意识的情况下，影响孩子的自我发展：告诉孩子他该成为什么样的人？ 做哪些事？ 说哪些话？ 让他的一生都受困在父母为他建构的"自我"框架中。

透过本章讨论的主题，父母们可以自我检视，你之所以成为今天这样的人或这样的父母，是谁在背后影响了你？ 他们透过什么方式，如何影响与建构了你？ 而你是否也对自己的孩子做了同样的事？ 并可借由练习，检视和学习改善自己对孩子的自我不当的建构与影响。这也是每个父母自我教育的另一个重要课题。以下我们就来看看父母和重要他人，是透过哪些方式，定义与塑造了孩子的"自我"。

用"贴标签"的方式定义"孩子是谁？"

在做父母的过程中，你可能会不经意地替孩子贴标签。比如你是否在气急败坏的当下，对孩子说过：

"你有没有脑子，考这种成绩，还有脸回家！"

"你除了会打游戏，还会做什么？ 就是个废物！"

"你就只知道天天给我惹麻烦，没救了！"

"你这个自私的人，谁会喜欢你！"

这些都是父母替孩子贴标签的行为。幼小的孩子还没有形成自我判断与独立思考的能力，对父母的依赖性很强，因此，他们很容易因为信任父母，而认同父母的说法，并相信自己就是父母口中这么糟糕的人，而慢慢出现父母口中那样负面的行为。也就是说，孩子一旦接受了父母标签的暗示，就会将自己归类，朝标签的方向看待与发展自我，所以标签的影响非常深远。

然而，观察我们所处的社会中，"贴标签"似乎成了一种潮流。检视周遭，处处可见"标签化"的现象，许多族群被冠上如"草莓族""×世代""厌世族""穷忙族""多金族""富二代"……称号，还有某些生活状态与身份的男女也被贴上"科技男""拜金女""宅男／宅女""剩男／剩女"等标签。贴标签，成为一种社会流行的沟通文化，这也让许多父母轻忽了这个行为给孩子带来的危害。但是，真正令人担心的不只是父母替孩子贴标签的行为，而是许多父母并不了解替孩子贴标签会对孩子的未来和一生可能带来的影响。

事实上，父母首先要了解的是，你给孩子贴上什么标签，孩子就会成为那个标签所标示的样子。当父母口口声声骂自己的孩子"笨""是废物""自私"时，这些字眼慢慢地就会变成孩子的标签，长大后，他也会渐渐成为那样的人。

父母不经意地在孩子童年时贴上的标签，往往会伴随孩子的一生，这就是所谓"贴标签容易，撕下难"！亲爱的父母，请回顾一下你自己从童年起，"乖巧""听话""聪明""内向""不懂事""叛逆""胆小""不合群""任性"……这种便利贴标签，你中过哪些？它们对你至今产生了什么影响？

上一代有他们的成长环境与教育的局限，他们在对待儿女和沟通的方式上或许未尽完善，导致影响了你今天看待自己的方式，以及你为人父母时的种种行为表现。但做父母后，我们能改变的，就是不要在自己的儿女身上，重复上一代对我们犯下的错：替自己的孩子贴上令他终生受困的标签！

自我应验预言（Self-fulfilling prophecy）

自我应验预言是 R. K. Merton 于 1948 年就提出的一种社会心理学现象，主要说明他人对我们的期望，往往会成为我们自我实现的一种预言。所以，这个现象也可以称为预言成真的标签效应。比如说，父母夸奖孩子"听话"，孩子就会有较顺从的表现，而父母经常谴责、嫌弃孩子"无能"，孩子就会轻易自我放弃，屡屡失败；反之亦然。简单来说，"自我应验预言"就是指我们总会在不经意间使我们自己的预言成真。

所谓的"标签"，说来都是我们对他人所抱持的先入为主的判断，且常落入刻板印象或未必与事实相符，而容易产生"以偏概全"的错误。此外，标签的另一个问题在于，它把人"固化"或"概念化"成一个刻板印象，并僵化地标示出刻板印象中的制式角色行为，这就是一种标签化行为。比如一个听话或叛逆的孩子，应该有什么角色行为？他们会做什么？怎么做？怎么说？无论这些标签是否有准确性，都会或多或少的影响到接受者的行为，最终接受者也会让这个先入为主的判断真的实现。简单来说，人们的行为会倾向于与自己被贴上的标签所暗示的内容一致，同时会让这个标签的预言实现，这就是所谓的"标签效应"。

但是"标签"又是如何作用、影响我们的呢？以亲子沟通为例：首先，标签具有"定性导向"的作用，无论是"好"或"坏"，当孩子被贴上某个标签时，就会选择性地不断"注意"这个标签；其次，标签也具有"暗示"作用，孩子的行为会深受父母言语的暗示，尤其当这种暗示越常被提起且被一些奖惩行动强化时，就越容易被孩子信以为真，并在行为中重复，最终固着在孩子心中，直至大家都认定你就是这样的人；再次，孩子在幼年时，很容易受父母和重要他人的影响，父母的话是幼儿唯一依从的标准，所以当他接收到父母对自己的评价时，会下意识地产生一种认同感，并照着父母的话去做，以确立自己行为的妥当性，也因此塑造了对自己的看法。所以标签式的评价出现的次数越多，对孩子的心理和行为的固化作用就越强，甚至左右他的一生。

生命的奇妙在于它随时都会有事故和变化，所以一个人的表现也会随着自身成长与外在环境的变化而有所改变。然而，当一个孩子在幼小时就被贴上某种标签，在尚未建立自我觉察与自主意识的情况下，往往很容易受到标签的制约，跨不出那个标签暗示的内容，而长期被困在他人所设定的刻板框架中，最后往往产生许多预期之外的严重后果。

总之，父母替孩子贴上的一张标签可能影响甚至限制住他一生的表现，所以父母们，请认识标签对孩子造成的心理负荷，与性格发展上的负面影响，停止替孩子贴标签的行为。父母对孩子的教育，目标永远不是完美，而是让孩子成为他自己。

父母如何"替孩子贴标签"

生活中，做父母的你是否发现，自己很容易在发现孩子犯错时，就给他冠上一个笼统的罪名。比如打碎杯子，就对他说："你每次都是这么不小心，笨手笨脚！"看到孩子和同学发生推挤，就责骂他："你总是这么粗鲁，就是个没脑的人！"孩子起床晚了，就来句："你永远起不了床，就是个懒惰虫！"孩子弄脏了衣服回家，就念叨他："你老是把衣服弄脏，真是个邋遢鬼！"父母们，请检视一下自己，你是否常用一个单一事件、行动，或者孩子偶尔出现的一个错误，就对他责难和否定，进而替他贴上一个标签、定义了他整个人，并"以偏概全"地把他标签化，归类为某种问题小孩？

经常被父母这样数落的孩子，会挫伤自尊心，他们会觉得自己真的是如父母口中责骂的样子：真的什么都做不好。然而父母们更需要注意的是，当你替孩子贴标签时，往往还犯了一层语言谬误。比如说，用"你老是""你总是""你永远都是""你每次都是"这样概念化的语言，来强化自己的判断与看法。但这种话说多了，只会让孩子彻底灰心，产生我既然"永远、每次、总是"这样，那就再也"不需要、不想、也不会改变"的认同感。或许，很多时候，父母说这些话只是一时情绪的气话，但是听在孩子的耳里，却会信以为真。所以，父母情绪性的气话，实际上是在帮孩子倒忙，让他再也不想改善，更糟的是，他将会一步步地成为你标签预言的样子，直到有一天，你对他的预言完全成真。

父母们请记得，你怎么看待你的孩子，孩子就会成为怎样的人！

当你为孩子贴上一张标签时，就等于替他选择了一个归属，让他活在你的预设与认可的角色中，封锁了他自我发现与自我尝试的机会。所以亲爱的父母，千万不要用一张标签限制了孩子的成长与一生的发展！

父母与家庭成员替孩子贴标签会有什么影响？

我曾经遇到过一个成绩优秀、长得漂亮又聪明的学生，但无论我如何夸奖她，她总是非常惶恐窘迫地对我说："老师，您千万别这样讲，我没有您说得那么好，我其实一点也不优秀，也不漂亮，我妈从小就说我是'又笨又傻的丑小鸭'，比我姐姐差太多了，她才是真正优秀又漂亮！"

另外，我也辅导过一个大男孩，他看来个性散漫、成天无精打采、对任何事情都缺乏兴趣也没动机，上课睡觉、迟到、旷课，且对人一脸防备和敌意。几乎要被退学时，我开始接触他，从多次辅导中，我发现这孩子资质并不差，但防备意识高，对人有戒心，且极度欠缺自信，最后他告诉他父母最常对他说的一句话就是："你除了专门会制造问题，什么也不会，你没救了！我们也不会再指望你什么！"这种不被重视或赞许的言语，导致他的自我观感低落，缺乏努力为自己争取任何表现的动机，渐渐应验了自我挫败的预言而自我放弃。

的确，当你说孩子是 Loser（失败者），他未来多半就会变成 Loser；你说他是乖宝宝，他也会尽一切可能成为你定义的乖宝宝。而当你给他一个"成功者"的标签时，他这辈子都会在这个标签底下卖力地生活，努力成为一个不败的"常胜军"。然而，当孩子不幸接受了一个自我挫败的负面标签时，他可能一生都受困在那个具有破坏性的标签阴影下，而无法面对真实的自己。

但是，家长也要注意，虽然我们给孩子贴上负面标签，会让他们朝负面方向发展；但，即便家长给孩子贴上了好的标签，孩子也未必就会朝好的方向发挥，或产生正面的效果。以下我们就来谈谈为孩子贴标签的影响，同时学习如何改正这种行为。

"负面的标签"会对孩子产生负面影响

在我们周遭，标签效应对孩子所造成的负面影响案例非常多。在我的教学观察中，那些只要上台就超级紧张、害羞、不安的孩子，他们往往缺乏自信，深入了解之后，我发现这些怯场的孩子都自认"害羞、不善表达、不会说话"，或者是经常被指责："简单说句话都不会！"被贴上"你不行、都不会"标签的孩子，鲜少能站在别人面前侃侃而谈，或者勇于表现自己，所以一旦你问他问题，或请他上台发表意见时，他会下意识地提示自己"我不行、我做不到、做不了"而退缩。父母或老师、重要长辈们也常不经意地斥责孩子"小孩子不懂就不要说！"或者"话说不好，就不要说。"，这让孩子常常在不自觉中受到制约，觉得自己讲的话都是别人不爱听的、没有分量的话，不如沉默，最终就成为一个没有声音、无法自如表达的人。

孩子出生时，犹如一张白纸，父母和重要他人在教养过程中，透过一条条标签，替他定义了角色内涵，圈限了他的自我想象，让他觉得自己够好还是不够好，进而影响了他对自我价值和重要性的评价，以及自我观感的发展。更重要的是，一个从小被父母标示为"没出息"的孩子，会认为自己什么也不必在乎，反正父母早就认定我成不了大器了。所以一个孩子是否会成功的关键，不在于他拥有什么资质，而在于"他是怎么看待自己所拥有的这些资质"。而父母正是影响孩子如何看待与评价他本身资质的关键角色。

所以，家长们请不要急于定义孩子。要避免给孩子贴负面的标签，家长首先要明白孩子一次两次的行为只是偶然，绝对不代表他的全部，因此请不要轻率地用一个"概念化"的语言定义他。比如不要在孩子不小心把教室玻璃打破或把椅子踢翻时，就斥责他："你看你就是这么毛躁，天天有问题，就是个麻烦鬼！"甚至直接概念化他是个"过动儿"。也不要因为孩子出现的单一个性特质，比如"内向寡言、不善言语表达"，就总怀疑他是"自闭症"，带他到处去咨询求助，伤了他的自尊和自信心。当父母这样做的时候，其实就是向孩子传递了一个讯息："你是个不正常的孩子。"久而久之，孩子会真的朝这个方向发展。

另外，也要注意不要在孩子调皮或做出不恰当行为的时候，以开玩笑的有趣口吻对他说："你真是会搞笑的小皮孩。""你看你这身邋遢样，真好笑！"让孩子误以为你喜欢这样的行为，他日后就会热衷于展现这样的行为。你一句不经意的玩笑话，对孩子带来的影响，可能是你想不到的！

而即使孩子同样的行为呈现出某种惯性时，父母们也要思考如何透过一些有效的方法纠正孩子的行为，而不是轻易地替他贴上标签、削弱他改变的动机，让他带着这个标签符号的负担，自觉无力改变而自我放弃。

亲爱的父母，每个孩子都有无穷的潜力和可能性，值得期待，所以请不要以一张标签来预言他的人生发展、改变他的命运。当孩子越是出现不好的习惯和特质时，父母越是要耐心地关注、引导他们，付出更多努力和心血！

"正面的标签"也不见得就有正面影响

既然如此，有些家长就会反向思考："那么如果我们以正面标签来标示小孩，是不是就等于帮他做了正向定位和提示，或者是为他提供了一个模拟的模板，让他未来有遵循的目标和方向，起码，他的未来不会有定位方向上的错误？"这个疑问就是，被给予正面标签的孩子，会不会就顺理成章朝着好的方向发展呢？这个说法，乍听之下有几分道理，但你有想过对孩子而言，什么叫作"好的标签"吗？在此提供一个案例让父母们思考。

有位杰出的女教授从小个性乖巧，会读书、又懂事，还会帮爸妈做家事、照顾弟妹，所以从小就被爸妈贴上"乖女儿"的标签，父母见人就夸她的优点，在父母的口中，她是个无可挑剔的完美女儿。这个标签看起来是多么正向！但是，却造成女教授的一生都活在"乖女儿"标签的阴影中，个性很压抑，不仅不敢追求真实的自我，也害怕犯错破坏父母心中的完美印象，尤其不愿与父母分享心事，怕他们担心。乖孩子的心里其实更悲凉脆弱！

由于长期背负着乖顺形象的标签，所以一直到她成人、结婚以后，即使饱受丈夫暴力对待也隐忍不说，后来连罹患癌症也默不作声，而最后离世时竟然选择了对父母不告而别，为的只是维持自己在父母心中永远都是乖女儿的形象，不想让父母为自己的病情担心，也怕面对父母的忧伤。

这是一个非常极端却令人深刻难忘的例子，但从这个案例去反推女教授悲苦人生的起源，就是来自从小被贴上了"乖巧"的标签，导致她一生都无法以真实样貌面对所有人。她将所有不美好的事，如：婚姻的失败，亲子关系的失败，身心失调，罹癌的事实都隐藏起来，在自己无法控制的挫折当中，为了不让他人担忧，选择了独自承担所有痛苦。到临终的一刻，还牢牢地守着不麻烦、影响任何人的乖女儿形象，那般苍凉、静默无声地离去。

然而生活中其实也不乏其他一般性案例。譬如有位女孩非常沮丧地和我分享她的标签之苦，她说："从小父母和家人都认定我是个小甜心，类似'马屁精'兼'开心果'的角色，所以我自认是个搞笑的人，任务就是要天天取悦父母家人，逗大家开心。长大后，我似乎再也无法摆脱这个标签，同学也把我当成开心果。"她的委屈是："事实上，开心果也会伤心，也会有想哭、悲观的时候，但是大家却不接受我的这一面。见到我伤心掉泪时，同学反而奚落我：'你哭什么？你也会

哭？你如果也会悲观，那我们都该去跳楼了！'"让她极为难受委屈。

此外，我们也不时在新闻报道中看见，某些孩子因为经历一个如考试成绩不理想这种小小挫败，就选择跳楼自杀。为什么？因为当他感觉自己无法达成别人对他设定的标签期待时，不能接受这个被否定的结果，也不能接受那个失败的自己，所以只有选择轻生。这往往就是一些被冠以"资优生""天才儿童""神童"等超完美标签的孩子，心中无法承受之重。

当你不断和孩子说："你是个绝不会让我们失望的好孩子"并"一再强化"孩子的美好形象，如听话、勇敢、勤奋、乖巧等评价时，这些赞美都会对孩子造成标签化的负担，让他们为了讨好父母，失去表达自己并成为真实自己的勇气。然而更值得一提的是，有不少家长会因为孩子表现优秀，而理所当然地忽视了他们的心理需求，让这些身负"重大期望与任务"的孩子，心理变得更为敏感、脆弱。所以，好孩子的心理更需要父母的关注。

以上这些案例提醒我们，只要是标签，无论"好坏"或"准确"与否，其实都会对孩子造成沉重的心理负担和限制。那么，父母该如何避免为孩子贴标签，同时减少标签对孩子带来的不良影响呢？

首先，父母要学会以"就事论事"的态度，来面对孩子的不当行为：学会用"描述性"的语言表述他的行为缺失，而不是用以偏概全的"概念化"语言给他的整个人格，也就是采取"对事不对人"的态度。举例来说，当孩子和同学间发生肢体冲突时，在还没搞清楚状况前，父母就用一个概念化的标签，直接训斥孩子："你这种行为，简直就是个'流氓'，真是无可救药，只会'天天'给我惹麻烦，我再也不想管你了！"此时，取代的做法是，父母应该就事论事地"描述"孩子的错误所在，告诉他："别的孩子欺负你时，你可以告诉老师，而不是直接把他打伤，那是一种更不好的暴力行为。"告诉孩子他错在哪里、如何改进，并且积极地为孩子的不当行为找寻背后的可能原因，帮助他自我改进，而不是帮他归类定罪、替他总结，甚至放弃他，这才是亲子教育的核心精神。

同样，当孩子表现良好时，父母们也不要标签化他的行为，笼统地夸奖："你真是乖巧听话的好孩子。"而是应该清楚地就孩子的特定行为表现称赞他："你刚才帮妈妈照顾弟弟，让妈妈安心地做家事，帮了妈妈一个忙！"用描述性语言，针对孩子的特定行为给予赞美表扬，才不会对孩子造成标签化的负担和困扰。

亲爱的父母，没有哪个孩子一出生就是好或坏孩子，而是父母的眼光和对待的方式，决定了他们"好或坏"的发展。"好钢需要淬炼，好孩子也需要磨炼。"所以父母们请自我教育，检视你自己被上一代贴上的标签，如果你也曾经为此受苦、受害，此刻就请你不要对孩子重复这个错误，成为他们的加害者。你替孩子贴上的标签，无论"好"或"坏"，这两个字都足以让孩子产生一辈子的心理负担，为他们的人生设限。只有当我们拥有一颗平常心，接受孩子原本、自然的面貌，而不去"标签化"他的行为时，孩子才可以从多面向的自我尝试中，发现独一无二的自己。所以，父母们请不要用标签轻易地伤害了"好"孩子的一生！

父母如何觉察自己贴在孩子身上的标签？

在面对一些问题个案时，我通常会以几个简单与直接的提问，来开启和对方的对话，比如：

"你喜欢自己吗？""你怎么看待自己？""你给自己打几分？""你觉得自己是个什么样的人？""你为何会这样看待自己？""谁常常告诉你，你是谁？他们是哪些人？""他们是透过哪些话语告诉你：你是什么样的人？"借由这几个问题，我往往会获得意想不到的丰富线索，了解孩子出现的问题以及行为背后的症结。因为一个在他人眼中有问题的孩子，都有一个较差与负面的自我观感，因此，他们给你的第一个回应都是："我讨厌自己""我给自己的分数不及格""其实我根本不在意自己几分，也没有人在意我几分""反正我就是家里最不争气的那个小孩"。

事实上，这些被父母或师长标示为问题学生的孩子，几乎都对自己被贴上的标签深信不疑，尽管这些标签都并不准确，也与孩子的本质不符，但这些孩子却从此受困其中，一生未能跳脱这个预言的魔咒。

父母若要进一步了解孩子的内心世界，甚至成长后的一些问题，便需要透过"检视标签"的练习才能看清：孩子是如何回应与验证了你替他贴上的标签。当然，父母本身也需要与孩子一起练习，同时检视自己被上一代和他人设定却从未被自己所觉察的标签，以了解你的自我观感是如何发展形成的，以及这些标签对你今天做父母的角色扮演产生了什么影响？

"检视标签"最有效的方法，就是直接检视孩子究竟是如何看待自己的？只要请他回答一个问题："你是谁？"了解孩子对自己的看法，便能从中看见造成他异常表现背后的一些标签效应，且找到孩子生活和问题行为的线索与答案，并借以检讨和反省标签对他造成的影响。

现在就请你和孩子一起进行以下的亲子练习，来检视你们各自被贴上的标签和影响。请你从回应"我是谁？"的提问，来检视自己的标签。

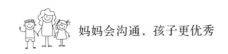

沟通的实践训练：检视你的自我标签

观念应用练习（1）

请用"我是……"这句话作开头，自问自答，来完成至少
10~20个句子。回应的越多越好，但请不要只用正面肯定或
社会接受的回应来思考，也就是你无须考量别人的看法，而是
以自己的第一个直觉来回答这个问题。

例如："我是一个非常容易害羞的人。"

"我是一个很大而化之的人。"

"我是一个胆小怕事的人。"

"我是一个勇敢积极的人。"

观念应用练习（2）

完成这个练习后，你会发现每个以"我是……"开头完成
的句子，其实背后都会浮现出一个标签，你可以分析归类一下，
就会发现，每个标签其实都导向一个自我定义的方向，显示出
你是如何受到标签的影响来看待自己的。接着请你进一步回想
与思考，是谁为你设定了这些标签？并在每一个以"我是……"
开头的句子后方，写下说这句话的人是谁。如以下范例：

"我是一个优柔寡断的人！"定义你自认"犹豫不决"（父

亲这样说）

"我是一个没有自我的人！"定义你自认"没能力好好爱自己！"（老师这样说）

"我是一个没出息的人！"定义你自认是个"无法被期待，做不了大事的人"（母亲这样说）

观念应用练习（3）

以上这些陈述句，都呈现了你自己和你的孩子的标签效应，以及你们对自己是谁的直接看法。也请说明父母和他人是如何传递这些标签讯息给你的？请回忆他们表述这些标签的方式：他们说什么？是怎么说的？并反思这些标签如何影响了你成为今天的自己，以及眼前这样的父母。

父母用"身份脚本"（Identity scripts）设定"孩子应该成为什么样子？"

如果人生是一个舞台，每个人都该是自己人生舞台上的主角，为自己编写一部生命脚本。然而基于护卫之情，父母和周遭如亲人或师长等重要的他人，常不自觉地以自己的判断和期待，为孩子编写好整个剧本，好让他们照本宣科，在人生剧场中一帆风顺地演出、少走几段冤枉路，于是，在孩子幼年时，就为他确立了"身份脚本"，进而成为孩子长大后的人生脚本。"身份脚本"可说是父母及家庭成员定义孩子是谁的另一种方式。

简单来说，"身份脚本"就是我们生存和身份的准则，它就像戏剧脚本，设定孩子应该成为什么样子、如何生活、扮演什么角色以及如何演出。它不仅确立了孩子的角色、剧情发展的基本要素，也替孩子提供了一套必须被遵从的行为规范，包含行为类型、措辞用语、行动准则甚至姿势仪态等，让孩子了解什么是可被接受的角色行为，甚至可以预测孩子未来可能发生的事件，以及父母的反应。父母为孩子设定身份脚本这件事，原只是一种不经意的行为，但却会限制并影响孩子成为他自己的所有可能，甚至剥夺了他的生命自主权。

严格说来，我们生命的底色其实是在幼年时，就已经由别人替我们确立了。请回想你自己的孩提时代，父母是否传递过这样的讯息："咱们家没钱，所以你必须自己多努力点！""你应该做个有用的人！""你对人一定要有警戒心！"这些脚本定义了孩子应该如何看待自己的角色及任务，并规范了他与外人互动的行为模式。从幼年起，你是否也发现家里或学校里实行的一些脚本原则，并从中学习了一些至今仍奉行不悖的家训或校训原则，比如：

"男人，应该要像个男子汉，绝对不能掉泪！"（爸爸说）

"女孩，就是要秀秀气气的，坐有坐相，站有站相！"（妈妈说）

"人活着，就是要有出息，争一口气，绝对不能输了面子！"（爷爷说）

"你必须考上一流的学校,别人才会看得起你!"(老师说)

这些都是你在生活中学到的身份脚本。父母通常是借由一些强制性、概念化且欠缺弹性的用语来传递这些讯息,比如"一定、必须、应该、绝对"等等,若是这些话语一再出现,会强化孩子对角色的认同与遵从,让孩子不知不觉地照着被父母设定的脚本演出,生活在"我一定要做到……""我应该要成为……""我非得这么做……""我不做到不行……""我必须要……"的压力下,而无法依自己的意愿和感受,真情至性地表现出真实的自己。

事实上,早在五岁左右,透过和父母与重要他人的沟通,孩子对自己是谁以及应该如何生活就已经有了基础的了解。幼小的孩子不能与他人共同撰写,无法决定自己人生的初步脚本,而是理所当然地将父母所设定的身份脚本内化。然而,当他成人时,虽然有能力主动重写自己的脚本,却发现自己已将设定的脚本,内化且根深蒂固地成为自己习惯的人生脚本,让自己无力翻转。尽管不想再被动地让别人决定自己的身份,但往往却不知从何改变以及如何改变,而动弹不得。

但是请想想,当你对自己被父母设定的人生脚本不满意,心中积满委屈和愤怒时,你会怎么做?你有可能平心静气地对待你的儿女,允许他们活出自己,并让他们活得比你开心、幸福? 或者,你也会继续对儿女重复那些上一代对你做过的同样的事?

此时，做父母的若能自我教育，透过练习，觉察自己被设定的身份脚本，解除所有不合适的脚本限制，活出更真实的自己，才能够把孩子生命脚本的自主权还给孩子，并允许他活出自己希望的样子。生命的延续，不是永远忠诚地遵从父母替自己设定的脚本，而是允许自己过得更好，活出自己希望的样子。

父母如何觉察自己替孩子设定的"身份脚本"

你如何知道自己是否替孩子设定了生命脚本，以及哪些脚本呢？最直接的方法就是主动邀请孩子一起进行"检视身份脚本"的练习，各自检视在自己日常生活中最常出现的那些以强制规范性语言开头的想法，像"我一定要……""我绝对要……""我应该要……""我必须……"之类的意念。

比如父母是否对你说："你是大姊，凡事都不要争，应该多让着弟弟妹妹""你太老实，容易相信别人，所以有时也要长点心眼""你做事前，应该要先考虑清楚，才不会显得鲁莽""你绝对要相信：吃亏就是占便宜""你做什么都骗不了神明！"……这种种的训示，都是你从家庭中学习到的身份脚本。

父母若想自我教育成为更好的父母，并掌握自己的生活，就要认真地检视自己被设定的身份脚本，以及其伴随而来的责任与义务是如何形成了你目前的生活形态，之后再进一步了解自己被设定的身份脚本，又是如何影响了你做父母的角色扮演，以及你的亲子沟通模式。

为了让孩子的未来发展不受限甚至更宽广，也请鼓励孩子写下他们自认被设定的身份脚本，那其中必有我们一厢情愿替他做出的角色规范与刻板印象的行为准则，以及更多连你自己也并未注意到的偏执与无理的规定。

沟通的实践训练：检视你的身份脚本

借由以下的亲子共同练习，爸妈和孩子可以觉察和检讨彼此被设定的身份脚本，并与孩子一起讨论这些脚本来自哪些人？它对你们各自产生的影响为何？以及你们可以怎么做来跨越脚本限制，让自己活得更好。

观念应用练习（1）

请爸妈和孩子一起练习，以"我应该……""我必须……""我一定……""我绝对要……"这些字作为开头语，分别完成一个句子，陈述的句子越多越好。全部写完后，逐条念出来，每念完一句，就问自己"为什么？"，然后请把理由写下来，并且逐项注明这些想法是来自谁的说法，也就是请你

回忆是谁替你们设定了这样的想法？ 最后，请亲子共同分享讨论各自陈述的内容与理由。

观念应用练习（2）

回忆一下你的父母或重要他人曾给过你有关"我是谁"的讯息吗？ 你听得出他们希望你遵循的身份脚本吗？ 请写下这个脚本的行为模式，并回想你的父母在设定与传递这个身份脚本给你时，使用了什么样的语言或指示？

◎请你回答以下的几个问题：

我的母亲认为我是……

我的父亲认为我是……

我的老师认为我是……

我的_____认为我是……

观念应用练习（3）

请再检视一次你在前面两题中写下的身份脚本，哪些对你而言是合理的？ 哪些是你虽然遵守，却觉得并不实际或与你的生活形态无关的？ 其中哪些又是你同意与不同意的？ 其中，是否有哪些脚本是你自己被设定后，又替孩子做了同样的设定？ 你可以记录在下方的笔记栏中。

借由这个练习，请亲子双方检讨身份脚本对你们各自的影响，并请彼此鼓励，依照你们个人的意愿、兴趣与能力，重新撰写自己的身份脚本，找回最真实的自己。

_____

_____

_____

_____

自我觉察并改变意念，是改变身份脚本的第一步

要改变替孩子设定身份脚本的问题，父母可以先检视自己根深蒂固的一些观念和惯用的语言行为，不要把任何事当作不可改变的教条，也不要认为所有事情都只有一种角度和观点。

在和孩子们互动的语言中，开始练习将"你一定、你必须、你绝对要、你应该"等用语换成"你可以、你想要、你愿意、你希望"等具有弹性和主动性的语句，情况马上就不同了。现在，就请你列下一个改变清单，写下你想达成的改变目标，试着从几个简单的用语，开始改善你自己的脚本行为。

比如说过去你可能常对孩子说："你应该要勇敢。"以后请你改成："你可以更勇敢一点。"把"做老大的，就应该多照顾弟妹。"这个说法变成："做老大，你比弟妹们懂事，妈

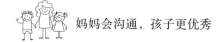

妈相信你有能力可以好好照顾弟妹。"如此一来，就解除了脚本的限制与强制性，这些用语会将强制性的规定，转化成自主性的建议。对孩子而言，它们不再是、也不会是一种强迫的压力，而是一种激励，反而让孩子觉得自己是被尊重的，且这也是他"自己想要"达成的目标，所以会为自己努力，也会尽量使用正面肯定的用语激励自己。

每个身份脚本会有伴随而来的责任和义务，当你对自己的角色感觉不自主与不自在时，便会出现以下的想法："这个周末我必须带孩子出门玩玩。""我每天晚上都应该抽空陪孩子做功课。""好多年没全家出国玩，这个暑假非得安排全家出国旅游去！"但是如果你试试将这些身份脚本转换成自己可以掌握且乐于扮演的角色，并将这些强迫性的意念和说法转换成："我想跟孩子一起出门玩玩！""我希望能每天都去接孩子放学。""我想要这个暑假，能和全家出国旅游，那是我期待很久的愿望！""我想要——也很享受——在工作之余，和孩子一起游戏。""我乐意多花些时间听听孩子说话。"你心中角色扮演的被动感和压迫感，势必也会转换成一种愉悦的期盼！

语言，投射了我们内在的情感与情绪感受；反之，我们的情感与情绪感受也会受自己所使用的语言影响。当你选择使用正面与主动性的语言，来表达你的感受时，才表示你是真实地掌握与享受自己做父母的角色，并按自己的身份脚本欣然演出。

换句话说，当你拥有自己的脚本，并为自己的演出和感受负责时，你才不会有角色行为和感受是身不由己地被别人规范限制的强迫感。

 ## "自我"也在与社会沟通中产生

　　我们所处的环境和文化价值也会塑造自我概念，因为文化价值会规范什么是合宜的人格与行为。事实上，不同的文化会形成不同的自我概念，比如我们必然都会学习到社会如何看待我们的性别、角色，以及如何评价我们的个人身份，当我们与他人互动时，我们不仅面对他们的个人观点，也接触到他们所反映出的一般社会价值与观点。而在社会惯例的约束下，这些惯例也传达了社会的价值观，告诉我们应该要像什么样，并提供我们如何评估自我的基础，而这些观点在社会化的过程中，会渐渐内化成为我们自己的一部分。

　　举例来说，透过社会观点的建构，我们学习到如何判断自己的相貌、成就、信念和道德等，以及如何评价我们的个人身份。例如男女外形、相貌应有的美感标准，确定了我们对"身体自我"的观感；再者，透过社会沟通，我们也会掌握到社会观点对成功的定义，像读名校、开名车、穿名牌等，塑造了我们对"社会自我"的期待和评价。而东方文化中，权威观点和集体价值这些不容挑战的核心价值观，也会影响我们对道德与心理自我评价的标准。所以在不同文化中，自我的内涵及任务其实都相当不同。

父母和重要他人的"反射评价"
也影响"孩子如何看待自己"

自我概念的形成，有很大一部分来自别人对你的所作所为如何反应，也就是别人的反馈。不过，每个人对你的影响力并不相同，小时候最有力的影响自然是父母、其他家庭成员或师长；到青春期，同侪或者是你所属的重要社会团体成员，则是你建构自我时最重要的反馈与参考对象，对你的自我概念的形成，有着相当重要的影响力。简单来说，我们其实都是透过沟通，获得别人对我们的评价，然后不断调整、塑造出一个自我，去回应他人的期望，以获得更好的自我观感。

父母和身边重要他人看待孩子的方式，会无可避免地影响孩子如何看待他自己，甚至是对待别人的方式。回想一下，小时候，父母不经意说出口的几句话是不是在你的内心里划下过伤痕？ 当他们一再对你说："哭什么哭，没出息哪像个男人！""你坏透了，没救了，我们对你绝望了！""你这么不上进，谁喜欢？你还是换个爸妈吧！"这些话，父母或许没有意识到其实这不仅让孩子感觉屈辱痛苦、丧失自我价值感和安全感，也让他们对自我产生负面看法。更重要的是小时候，父母不允许你哭、不接受你的笨、不上进、对你要求太高，长大后你也会这么要求你的孩子和家人，每当他们出现不当的行为时，你也会用同样的语言责骂他们。很多孩子在童年生活中累积下来的负面自我观感，往往成为他长大后各种亲密关系的病根。

所以，如果父母们能够学习对孩子抱持接受、尊重的态度，并能给予正面评价，且在教育过程中充分传达出这样的讯息，结果通常会变得正面且令人振奋。然而，当孩子的行为不被父母接受时，父母也会用反射评价的方式让孩子知道这件事，这是孩子学习到父母的标准与期待的一种方式。因此，孩子会受到父母所反射出的评价影响，也就是说，父母和家族成员的反射评价会与孩子对自己的观感和形象结合。

什么是"反射评价"（Reflected appraisal）？

"反射评价"的概念是：我们的自我观感，主要是借由"想象"别人怎么看我们而形成。别人怎么看我们，会反过来影响我们看待自己的方式，而我们也会在行为上反射别人对我们的评价，这个概念也叫"镜中自我"（The Looking-Glass

Concept）。这是由查尔斯·库利（Charles Cooley）所提出的一个概念，主要在说明一个人是如何经由社会化过程转变成为"社会人"的过程，并强调个体对自我的看法，有相当部分会受到重要他人的影响。简单来说，自我观感是透过与他人的接触，意识到他人对于自己的看法，站在别人的角度反观自己的结果。

所以，"镜中自我"的核心概念，就是每一个人都是他人的一面镜子，这面镜子会反映出我们的样子，我们会在这面镜子中看到自己的形象，并从中发展出自我意识。换言之，我们的自我观感是基于他人对自己的反应和知觉所产生。当我们的行为不被同侪或他人接受时，他们会用同样反射评价的方式让我们知道，这也是我们学习社会标准的方式之一。

孩子会在与父母的互动中，首先想象自己在父母眼中的形象如何，其次想象父母对自己的形象是如何评价的，最后再根据他们对自己的评价形成自我观感。因此，孩子的自我并不是遗传而来的本能，而是在与父母和社会互动的过程中逐步习得、形成的社会性产物。

如此说来，亲子沟通中，孩子如果认为父母觉得自己又笨又糟，他就会用相同的方式来看待自己，并反射这个评价，渐渐变成一个凡事都做不好、显得笨拙又没信心的样子——即便实际上父母未必这样认为。换句话说，孩子会从父母对待自己的言行线索中，推断父母对自己的看法，并且采用那些看法作为对自我的看法，最后出现相应的行为。

孩子都是依靠父母和周遭重要他人的评价，来建立自己的自信心、自尊心和价值感的。所以如果父母经常对孩子传达出让他感觉正面的评价，久而久之，孩子也会在自我表现上回应这个评价，努力做出和评价一致的正向行为；反之，如果孩子认为父母并不看好自己，渐渐地也会缺乏动机，丧失向上追求的意志。因此，父母对孩子的情感和心理需求的反应、鼓励和支持，不论正面或负面，其重要性都是不言而喻、影响深远。

父母的评价里，藏着孩子的未来，你怎么看待你的孩子，他就会怎么看待自己，最终也将成为你所设定的样子！

沟通的实践训练：检视你对反射性评价的反应

要了解"反射评价"如何影响了你和孩子亲子双方的自我观念，请进行以下的练习：

◎写下至少五个你对自己的描述，例如：有责任感、积极进取、没吸引力、缺乏动机、笨手笨脚、幽默好笑、聪明灵活、有运动细胞等。

◎接着，写下在你生活中的三个重要他人，如父母、兄弟姊妹、同住的亲人或从小照顾你的保姆等。

◎然后，思考这些重要他人对你在第一点中写下的自己的特质，有什么具体指示？ 他们说了什么评价你的话？ 他们是怎么说的？ 把它们都写下来，并思考这些反射性评价对你的重要自我定义，以及对"我是谁？"的看法，有什么影响？

◎最后，请你再想想，为什么这些重要他人传达出的反射性评价，会这样影响你对自己的看法，也就是你的"自我观感"？

父母和重要他人用"社会比较"定位"孩子是谁？"

父母和重要他人影响子女自我观感的另一个方式，是透过"社会比较"（Social Comparison）。

生活中，我们常会听到父母这样对子女说："你为什么就不能像姐姐一样听话乖巧？ 老是令人操心！""你看看隔壁家的女孩多斯文秀气，哪像你这么粗鲁，多跟人家学着点！""你和小王一起补习，人家考得这么好，你差了一大截，到底有没有用心啊！""人家做得到，你怎么就学不会、做不到？"把自己的小孩拿来和别的孩子比较，包含他们的资质、能力、条件、外在表现等等，是许多父母习以为常的行为，但这却也是令孩子最反感且难以接受的一种教养方式。

什么是"社会比较?"

人们会相互比较，其实是件极为自然的事。美国社会心理学家利昂·费斯汀格（Leon Festinger）在 1954 年提出的"社会比较理论"（Social Comparison Theory）指出，在缺乏客观比较标准的情况下，个人为了解自己的想法、能力和特征，往往会利用他人作为比较的标准或基点，来进行自我评价。所以"社会比较"既是自我进行社会评估的重要基础，也是形成自我形象的重要关键因素。简单来说，"比较"能让我们更加了解自己，还可觉察到自己行为发展的方向，进而有意（或有目的）地改变自己的行为，以加强自己的社会适应能力。但不当的比较，也可能让比较者陷入自我怀疑的情况，比如青少年阶段的孩子常常比较和模仿明星或模特儿，以致对自己的长相和外形感觉不满和自卑。

的确，"比较"能让我们看见自己在社会中与他人之间的相对定位、与别人的相似或相异处，进而更加了解自己。然而，只要有比较，就会有好坏高下之分，所以在不同情境中，"比较"也有不同的做法。比如在亲子关系中，父母有时会"向上"比较，把孩子跟自己心中理想的典范相比，好坏立判，让孩子滋生自我怀疑或自卑心理，当然也不是绝无激励孩子自我发展动机的可能。

反之，当父母把孩子拿来向下和较差的人比较时，则可能会为孩子扳回一点自信心，也让自己好过一些，但却可能因而造成孩子靠贬抑他人来产生自满与自大的心理，这就是所谓"比上不足，比下有余"的道理。两者之间如何找到正面的平衡点，减少比较造成的伤害，值得父母思考。

如何善用比较心理，找到平衡的自我定位

诚然，我们是用社会比较的方式跟他人产生关联，寻找自己的定位，并确立自我的评价。因此，社会比较在发展自我观感的过程中，是正常与必要的路径，比如一个人对自己的外貌、长相、智力、天赋、特殊能力、信念价值、社会表现等等，并没有绝对标准，而是透过与别人的相对比较，来评价与定义自己。这也就是为什么常把孩子拿来比较的父母，会发现自己孩子的表现每况愈下，越比越差。

试想，当父母拿自己的孩子跟天才比较智商，和明星比较美貌和身材，或者把自己孩子的运动细胞，和职业运动员的能力相比，这都是一种不实际、不公平且错误的做法。当父母使用不适当的比较标准时，不仅会让孩子丧失自信心，打击他的自我评价与自我观感，让他感觉沮丧，自觉永远也比不过别人，而失去向前的动力，甚至逼使他们刻意反向操作，以自我放弃来反抗这样的比较。所以父母们应该小心避免，以不适当的比较标准来评价孩子，因为那是非常不实际且负面的做法。

事实上，许多父母因为并不真的了解自己孩子的资质、潜力和优势，反而是在和别的孩子比较后，才看见自己的孩子不如人处，于是定义自己的小孩是个问题孩子，并开始以对待问题个案的方式看待他。举例来说，父母常会拿自己的孩子和亲戚朋友的孩子来比较，比来比去，别人家的孩子都考上第一志愿、读一流学校、工作好、赚钱多，相较之下，我家的孩子就差了一截。不比还好，一比之后高下立判，父母从此紧迫盯人，把孩子盯得一头包，让亲子关系陷入紧张。总之，父母对儿女进行无限度与不当的比较，是一件既危险也很残忍的事。

其实，父母把孩子拿来和他人比较时，问题不在比较的行为本身，而在如何比较。如果说，身为社会一分子，父母难逃社会"比较"的话，起码请注意，在进行比较的做法上，我们其实是有选择权的。因此，若要消除自我比较的负面效应，就要有意识地调整社会比较的做法与心态，所以请你评估自己对孩子进行比较的方式是不是实际、适当？包含"和谁比较？比较什么？为何比较？"三个面向。

当父母拿孩子去和他人比较时，若是找错了比较对象，不是和同龄人或者有类似条件的人进行横向比较，反而是过度向上比较的话，无疑会打击孩子的信心；但比较的焦点——"比较什么？"也值得注意。与其比来比去，永远是比"相貌、学业、事业、财富和权力"，父母为何不能从不同的角度去比较孩子独具的特质，如谦逊、礼貌、善良与勤奋……并懂得去感谢与欣赏孩子的独特性？至于"为何比较？"里有很多时候，父母的比较只是出于下意识的不安全感，为比较而比较，所以难免会发生"向上比较：打击信心；向下比较：志得意满"这种难以平衡的状况，不但让自己丧气，更让孩子泄气！

所以，无论向上或向下这两种极端的思考仍然较为消极，父母需要更积极的引导孩子，鼓励他和自己做向内的比较。也就是以"超越自我"来增强孩子的自信心、消除他的自我怀疑，达成他"自我肯定"的功能。

引导儿女向内进行自我超越的纵向比较方式有：比较今天的自己是否比昨天的自己更专注认真？现在的自己是否比过去的自己更乐观开心、更冷静坚强、人际交往的能力更成熟？或者自己这次的考试成绩是否比上次进步？

健康的教育是引导孩子不去做不当的比较，而是懂得为自己负责，追求成为更美好的自己，并确信自己的每个当下都比之前存在的样子更令人满意，对自己负责与尽心尽力，鼓励孩子追求超越自己，而不是费尽心思去一一赢过他人！

而与其拿孩子的外在成就和能力表现来比较，如谁的成绩比较好、事业做得大、成就高、对象交往得早、嫁娶得好……做父母的何不学习回头来欣赏与肯定自己孩子的独特与美好之处？比如孩子的善良、体贴、乐观等，并练习这样对孩子说："宝贝，在我们的心中，你是那样美好……我们从不需要靠比较来肯定对你的爱，因为你就是你！"

正面的比较，不是为了找到自己与他人的相似性，进而努力与他人趋同，而是发现自己与别人的差异处，并能在差异中凸显自己的独特，将自己的特质发挥到极致，创造自己独具的价值，这才是比较的正确目的！

父母们请相信，每个孩子都是独一无二的，只有当你停止对孩子做不当的比较时，你才能看见自己孩子的独特性，欣赏到他的优势和特质。与其不断拿自己的孩子和他人做比较，父母其实更应主动地观察与发掘孩子的优点、长处和独特性，欣赏和肯定他们的表现，而不是从不当的比较中，一次次发现并挑剔他们的弱点，甚或放大他们的缺点、挫伤孩子的自信。

亲爱的父母，请不要透过和他人比较，来定义你的孩子。做父母的需要自我教育，请学习鼓励孩子自我肯定，爱自己并找到自己的独特性，勇敢地成为他想要成为的自己，未来他才会有勇气做他想做的事。

沟通的实践训练：检视亲子双方的"社会比较基点"

◎邀请孩子一起进行这个练习：检视亲子双方各自的社会比较行为是否实际适当。

请你们各自写下六个以"我是……"开头的句子，前三句是反映你们各自的正面自我观感，例如：你可能会写"我是真诚的人""我是友善的人""我是认真负责的人";之后再写下另外三个反映你们各自负面自我观感的句子,例如:你可能会写"我是自私自利的人""我是没耐心的人""我是很情绪化的人"。

◎接着,请你们在每个句子之后,写下两个你们用来衡量自己的人,比如在"我是友善的人"句子后面,写下你拿来比较的两个人,并且写下你在自我比较时,你形容自己的所有比较标准,也就是你以哪些标准的表现,来衡量自己是否友善?接着,再进一步检视这些你们各自用以比较的人和条件,是否有些不实际的情形? 如果有,你可以和孩子讨论,了解什么是他认为可以接受的正面且具有自我激励功效的实际比较标准,以改善你们各自的社会比较行为。

LESSON

妈妈们要注意避开沟通误区

一厢情愿的爱只会和孩子距离更远！

　　这些年，随着孩子的成长以及无数个案的经验分享，我领悟到，无论什么年纪，孩子心中需要与期望的，永远都只是一个"普通爸妈"——一个懂得如何与孩子维持一种既亲密又独立的关系的爸妈。在年幼时，给予他们最亲密、温暖的照顾陪伴；在成长后，给予他们最坚定开阔的包容支持，并且能够在他们成年后，适切地放手、得体地退出孩子的生活。

　　对孩子来说，父母都是有缺点的，他们并不完美，也无法做到完美，但每个孩子都是无条件地爱着自己的父母的，因为孩子只要相信，父母是爱自己的，这就足够了。但是，亲爱的父母，我们是否也能如此纯然以对？ 爱孩子，只求他平安、健康、幸福，足矣？

　　亲子教育是一种自省，也是一种自我觉醒。孩子是一面清澈的镜子，让我们照见自己的不足与欠缺，在他们身上，我们投射出自己内心的不安、不满以及恐惧，借着孩子的眼，我们不仅看见了真实的自己，也被逼视面对自己存在的种种欠缺。为人父母，如果我们自身问题重重，内心存在着恐惧、焦虑、担心或不满，在对待孩子的态度与教育的方式上，必然会出现如偏狭、扭曲、压制、自以为是、坚持己见、好为人师等诸多问题。

事实上，做父母的，在道理上都明白，对孩子的真爱应是无条件的全然接纳，但是当父母本身存在许多自我观感的障碍时，这份爱就很难是纯然无缺与无条件的，也就是说，父母的问题越多，他们投射在孩子身上的问题也会越多，那里面可能有掌控的意图、有欲求的私心、有期望的目的。对孩子而言，这样的爱，既不是他们想要的，也不是他们所能够承受的。

父母一厢情愿、自以为是的爱，只会将孩子的心推得越来越远！

孩子要的只是一个"普通爸妈"

一位同在大学任教的挚友曾与我分享她亲子互动的挫折经验："为什么你不能做一个普通的妈妈？"她说女儿小时候一句带着埋怨的话，若干年后仍常在她脑中盘旋，让她困惑、难过了好久。

朋友反思："为什么自己会成了女儿眼中的一个'不普通

的妈'呢？ 是不是因为对女儿的期待太高？ 给了她太多压迫、控制的隐形压力、是不是自己太爱说教？ 有太多坚持和道理？或者老是有一套既定的指导原则——这个应该、那个不该、这不行、那绝对不可以！ ……凡事都要有个理由，步步都要给个指示，也不容许轻易犯错……"她问我："是不是有时候自己该只是闭上嘴，给女儿一个'爱的抱抱'？"

深切自省，挚友自己归结："或许是执着读了这么多的教育理论，却又忘了孩子其实只是自己的宝贝，而不是实践理论的对象，更有可能，自己就是一个这辈子只有一次当妈的经验，而又当得不够好的妈妈。"

孩子出世后，我们确实都很努力，希望成为孩子眼中那个平凡与亲近的父母，我们总是自我提醒与鼓励，立志成为一个好爸妈，只要儿女能够宽容地给我们一些学习的时间与引导，让我们好好揣摩，怎样才是个好爸妈，或者孩子心中期待的那个普通爸妈——没有过多管教，没有跟前跟后、盯头盯尾，没有太多的长篇大论、人生哲理。我们一路摸索，毕竟这是我们这辈子第一次学习当爸妈，或者当一个普通的爸妈。

然而，我们却发现，做个儿女期望的"普通爸妈"竟是那么难。许多父母在不自觉中，都变成了在孩子身上实践与追求完美的"超级爸妈"，一厢情愿地对孩子付出与控制，而不了解那竟是孩子最大的痛苦。又有多少父母心中其实是欣羡着那些，以各种非凡高压手段，让儿女换得卓越成就的爸妈，并一心怀抱模拟或复制他们教育模式的期待。

有时，我们真的不得不承认，成为拥有一颗"平常心"的普通爸妈：不去干涉、主导、控制、说教和逼迫儿女成功，恰恰是我们最给不起孩子的生命礼物！

因此，与其教育孩子，我们更需要自我教育，重新检视自己的爱究竟是孩子背后推进、支持的力量，还是无法前进的阻碍和限制？孩子是最清澈的一面镜子，他们如实反映出我们为人父母的美好与缺失，所以请相信，当我们把自己教育好，变成拥有一颗"平常心"的父母时，孩子自然会与我们更加亲近。

人生没有什么角色能力是与生俱来的，每个出众的角色都是在一种"挚爱"关系中的摸索与修行。父母的角色，何尝不是？我们都是边做边学的父母，不求完美，也不需要完美。所以，如果你自认是个不会去讨好、压迫、控制儿女的普通爸妈，请好好肯定自己。

父母的自我教育，从做个"普通爸妈"开始，刚刚好！

追求完美的父母并不是"一厢情愿地对孩子付出"

挚友的案例其实也是许多父母心中的迷思。我们的周遭的确有许多焦虑的父母，他们自认极尽完美地扮演父母的角色，却无法赢得孩子的亲近与信任，成为更亲近孩子需要与期望的父母，这种自我角色期许与孩子期待之间的落差，让他们惆怅不已且茫然无措！

你是否也有过这样的经验？在和孩子争执过后，心里不禁困惑："为什么爸妈这样爱你，你却不明白？"认为自己该给和能给孩子的都给了，甚至付出的比其他父母还更多、更深，但久而久之，孩子反而更疏离了，好像你给予的爱越多，孩子与你的联结就越薄弱……到底是出了什么问题？其实，这样的状况并不少见，问题根源之一往往就是"一厢情愿的爱"。

父母对孩子投入的爱常常是一厢情愿、出于单方面的好意，或自认是替孩子做的设想。例如，有些父母总是一味讨好孩子，有些父母则是把自以为的爱套用在孩子身上，甚至以"这是爱你、为你好"为借口，"假爱之名"将自己的意志强加在孩子身上，对孩子无度地限制与控制，更极端的案例，则是为孩子而活的父母。这样的爱，背后隐藏着父母自己不察的私心，因此在父母自认毫无保留地付出一切后，孩子的回应往往是："这种爱并不是我要的，那对我来说不但没用，还是个负担和煎熬！"

常言说："天下没有不疼子女的父母"，即使在爱的方法上不适当，但出发点还是爱！这样的说法其实忽略了父母一厢情愿投入的爱，往往会为孩子成长过程中的心灵和性格发展，带来极大的伤害，而父母自身却浑然不知。

　　爱，是一种双向的沟通与表达，它不是一种需求，而是一种能力。说到底，父母对子女的爱也要具备这样的能力，也就是为对方着想，考量对方的感受，而不是一厢情愿的给予和付出。

 ## 三种一厢情愿的父母，最伤孩子的心

　　亲子同行的因缘路上，我深刻体会到，父母和孩子之间最大的分歧与冲突，来自父母的一厢情愿。孩子想要的并不多，不过就是一个"最基本"的爸妈，而你却使尽了全力，希望给他一个自认接近满分或完美的自己，但那偏偏是造成孩子压力、痛苦，且最不想要的一种爸妈。请想想，当一个追求完美的爸妈如此刻意费力地，自觉牺牲、奉献了一切，把自己的全部都给了孩子，甚至是为孩子而活时，他可能不去要求或在意孩子有同样完美的表现吗？　不会因为没有得到他们相应对等的回报，而自觉委屈与被辜负的哀伤吗？

　　这就是为什么有些家长在孩子违逆自己意志时，会出现激烈的反应："我们辛苦把你养大，付出一切，你就不能体谅爸妈的苦心？""如果不是因为你，我早就不想活了！""就是因为你，我放弃了追求自己的梦想和一切！"并且反复诉说自己养育儿女的艰苦历程，一遍遍地提示儿女，要成全父母的期待，才是知恩图报的好孩子，这些话摆明了孩子不仅该回报自己的牺牲，甚至要为自己的命运负责！

亲爱的父母，亲子教育过程中，你或许从来不觉得你对自我的要求是那么高，也从来没有发现，你对孩子的要求是那么多，更未察觉自己是那样一厢情愿地付出自以为是的爱，因此，在努力成为更好的爸妈时，我们需要从自我教育、自我检视做起，了解自己是不是在不经意间成为一个一厢情愿付出的父母：一厢情愿地为孩子而活，一厢情愿且一味地讨好孩子，甚至是一厢情愿地把个人意志强加到孩子身上？违反了孩子对爱的期待，伤了他的心。因为孩子要的真的不多，不过是一个普通爸妈——能够陪伴他一路快乐成长，并接受肯定他本来的样子，让他自然、自在长大的爸妈。

请真诚地问自己："你是一个一厢情愿的父母吗？"

你是个一厢情愿"为儿女而活"的父母吗？

每个父母都深爱他们的孩子，却有不少的父母将亲子之爱发挥到极致，成为"为孩子而活"的父母。他们不顾自己、牺牲一切，一生做牛做马，把全部的时间、精力、感情都投注在孩子身上，为孩子而活，把孩子的日子和人生当成自己的来过，即使孩子犯了错，也挺身袒护，少有责备与开导。他们生怕孩子受一点风寒、吃一点苦，苦什么，都不能苦了孩子，因为孩子就是自己的一切与未来。这些父母极力满足、取悦孩子，说来无他，只求儿女心无旁骛、专注表现，他日出人头地，成为一个比自己出色成功的人，替自己扬眉吐气。这样的父母并不伟大，也不值得推崇，却是许多父母共同的写照。

倾听孩子的心声："爸妈，请不要为我而活！"

这类为孩子牺牲、一心为孩子而活的父母，是父母的典型之一，他们往往自认人生过于平凡，于是将孩子视为逃避失意人生、依附于人的寄托。在潜意识里，孩子就是他们心中那个未完成的自己，他们很自然地把孩子当成"人质"，将一切筹码全押注在孩子身上，交换儿女有朝一日的功成名就，补偿自己黯淡虚空的生命！

但是，亲爱的父母，当你对孩子做了这么大的牺牲时，可曾想过孩子心理的负担与压力？毕竟他将要承当的不只是自己的一生，还有你的一生。

被父母如此宠爱长大的孩子，本该是幸福无忧的，但是当他们意识到，父母无尽付出的爱其实另有目的，无非是想让自己成为他们希望的样子，而自己不过是替父母出头的工具时，心中自然会有情绪反弹与不适，更可能激烈挣扎与反抗。孩子对爱的感受都是直观的，因此父母带着强烈意图与目的的爱，对孩子来说，非但不是爱，反而是一种令他们喘不过气与窒息的精神虐待，孩子直觉父母并不够爱自己，或者根本不爱自己，而那恰恰也是亲子教育中最不该出现与具有杀伤力的感受。

这类承受了父母的一切牺牲被成全的孩子，身上背负着父母的一生，内心冰冷和绝望，他们被剥夺了自我探索、发现并成为自己的机会，失去了自我，他如何可能找到自己存在的价值，爱自己并感谢父母这样的爱？

当孩子还小时，或许并未意识到父母在百般疼爱背后真正的意图，也不知反抗，然而当他们渐渐长大成人，懂得理性思考后，便会感觉父母放弃一切、为自己而活的爱，其实变成了自己生命的负担，因此与父母渐行渐远。然而这些在童年时曾经受到父母无微不至生活照料的孩子，即使和父母逐渐疏离，心中仍然会有一种矛盾，父母不是不爱我，但我为什么就是感受不到，而文化的制约，也会让他们自责无法对父母的牺牲感恩图报并深感不安。

当父母为儿女付出了一切，他们却不领情时，父母不免大失所望，更会萌生困惑与委屈："我们对牺牲一切，为成就他而活，就算期望太高或爱的方式不对，难道这就不是爱吗？""我们出于爱，希望孩子好，为他牺牲，难道也有错吗？""这样爱孩子，有什么不对？孩子为什么都不知感恩图报？"父母抱怨孩子不知好歹、不懂体谅，甚至谴责孩子薄情寡义，亲子双方都极其痛苦，致使亲密关系窒碍难行。

但是做父母的可曾考量过孩子能否承受这样的负担？ 一个为孩子而活的父母，一旦遇到孩子的表现不尽如人意，让自己的希望破灭时，又该如何面对失去人生一切希望的后果？说起来，为孩子而活的父母，其实是与孩子一起落入了一个恶性循环，互为因果。

所以，父母们请不要把孩子当成自己生命的所有与唯一，为了孩子放弃一切，没有自己的生活、乐趣和快乐，也不在乎自己的人生是否幸福，这带给孩子的除了压力、相互折磨外，还有什么？ 孩子不是我们的财产，亲子关系也不是一厢情愿地去爱和永远的占有。我们虽不能让孩子的童年感受到爱的匮乏，但也不该让他们在青春至成长的岁月中背负如此沉重的"爱"的负担。

活出自己的爸妈，才能教孩子如何活出幸福！

一个为儿女而活的父母，与其说是爱孩子，不如说是对生命感到绝望。他们丧失了自我实现的动机、对人生毫无规划、失去了梦想和热情，也失去了对未来的信念和希望。这样的父母，往往拥有一个不堪接受的自己，而孩子就理所当然地成为他逃避自我、全心寄望的依靠与活着的支撑。

事实上，在我们的文化里自我牺牲一直是一种被颂扬的价值表现，许多父母深受文化影响，不但不会为放弃自己的人生感到难堪、失落，反而会为自己的牺牲感到欣慰与自傲。他们从未被教育与鼓励过自我追求和实现，也不了解什么是自我价值，更不懂得去探索生命的意义。人生，对他们而言，只是去完成该完成的任务，而付出一切来成就子女的一生，就是他们自认被交付的责任。而有一天，如果儿女有幸成功，他们更会从这个结果中，获得极大对自我牺牲的满足感。

其实，无论在哪个文化和时代中，必然都有为顾全孩子的利益和幸福，而自我牺牲的爸妈，那几乎是父母的本能。孩子在幼年时需要双亲放下一切，投入更多时间照料生活和陪伴，本来也无可厚非，但是当父母所做的一切都是为了孩子，甚至放弃一切，把自己的一辈子、现在和未来的所有全都留给了孩子，这样的做法，就不是值得称许，也非儿女所能承受与认同的。

想想，当爸妈对自己的儿女说："我这辈子就是为你而活，我所有的努力都是为了你，我辛苦得到的一切，将来也都会留给你"时，儿女的心中会有什么感受？ 实际上，你传递的不但不是一份没有负担的爱、一个正面教育的范例，反而是一个非常负面的示范，这等于是告诉孩子："我是一个没有自我的人，我放弃了自己，我的人生一点不重要、也没有价值，而你则可以成为一个坐享其成、不劳而获的人。"这样做，不仅否定了孩子独立自主的尊严，也剥夺了他们为自己而活的权利。

当父母将自己全部的爱、希望集于孩子一身时，千万不要以为孩子是感恩的，因为孩子其实可以感受到父母失去自我、梦想与追求，心中的委屈、辛酸、落寞与绝望，这样负面的情绪也都会投射到孩子的身上，转换成他的压力负担，让他不自觉地与你一起承担痛苦。我也曾在接触的个案中见到，一些自私自利、行为夸张且有攻击性的孩子，背后反倒有非常包容隐忍、全心为家庭付出的爸妈，孩子会出现这样反向的行为，或许正是因为他从小就意识到，父母在压抑中生活，并不快乐，他因此反射了父母内心没有表达过的不满、悲伤和怨恨。

爱孩子，并不是以牺牲放弃自己，来成全他们。想想，一个失去自我的父母，如何可能培育出追求自我实现、为自己活出幸福、精彩的孩子？当父母放弃自己时，儿女已经失去了一个学习的榜样。因此在现实生活中，我们看见的案例常是，父母一厢情愿地为孩子而活，但孩子不仅无法活出父母的期望，更可能与父母的愿望背道而驰。因此，"活出自己"才是父母对孩子最好的身教。

亲爱的父母，自我牺牲，绝不会教育出为自己而活的健康孩子。你希望孩子活成什么样，你自己就得先活成那样。只有当父母懂得为自己而活，并能活出自己独具风采的人生时，孩子才有可以追随的典范，活出他自己的精彩！

你是个一厢情愿且
"一味讨好孩子"的父母吗?

父母一味讨好孩子的例子,生活中处处可见。现代父母工作繁忙,常力不从心,疏于陪伴儿女,这不仅影响亲子关系,也让孩子感受到家庭的冷漠,此时,父母对孩子产生的负疚感是可以理解的。而为了想实现做个好父母的愿望,有些父母便无原则、无条件、不计后果地尝试以物质来满足与补偿孩子精神生活的匮乏,极力讨好与取悦孩子,孩子想要什么便给什么,来降低他们的不满,取悦孩子的同时,其实是在减轻自己的亏欠感。

这种做法说起来是采取了一种"没有办法中的办法"。父母在无计可施的情况下,往往选择最简易的方法,以现成的物质或替代物来搪塞孩子的心、堵他们的口,并且自我安慰:起码物质上未曾让孩子有所欠缺,也算仁至义尽了。父母们想尽办法寻觅能满足儿女的东西,却不察,孩子要的并不是大堆的玩具和礼物,你,才是他最想要的玩伴!

不要让孩子感觉到你对他的负疚感

父母怀着歉意、刻意取悦讨好的爱,犹如仲夏给孩子盖上一床厚被,令他们难以消受,也无法获得一种"被爱的满足",

最后孩子其实也并不领情，毕竟能真正满足他们的是，只有和父母一起才能感受到的那些，用金钱物质换不到的快乐体验、幸福体验和被爱的满足体验。而这种一味讨好的行为，久而久之，也会演变成一种恶性循环的亲子关系。

利用爸妈愧疚感得到满足的孩子，在达成目的后容易得寸进尺，所以一旦爸妈做出错误的承让，下一次孩子会再以同样的方法，摆出"受害者"的姿态，引出你的负疚感，逼迫你，来索取他想要的东西，这样的恶性循环，最终将会造就出一个物质欲望需索无度的孩子。

当孩子开始需索无度时，父母也会抱怨："我都给你这么多了，你怎么还不知足、不知珍惜、感恩！"觉得孩子不懂事，不能体谅父母的苦心，并对孩子被纵容后所表现出来的问题感到忧心困扰，这种情况若没有适时导正，结果往往会朝着负面教育的方向发展。

事实上，做父母的有时反而不如孩子聪明，有的孩子很小就可以轻易地控制父母的情绪，知道如何利用父母的心理弱点，找到趁隙而进的空间，要挟父母并予取予求。现实生活中，我们常见到许多孩子在公共场所一个不顺心，当场以哭闹、打滚、躺地不起来要挟父母，父母无计可施，只好以哄骗、投降、依从来迁就孩子。无法处理孩子哭闹的父母无能，但要挟父母的孩子，有一天也可能成为无情的逆子。

所以，亲爱的父母，请千万不要让孩子感觉你对他的负疚感，因为孩子一旦察觉这种心理，就会认定你有过错，所以非得补偿他，即便你事实上没有做错什么。长久以往，由于无法克制自己日渐加大的欲望，当父母无法全面满足孩子的需求时，他们不但不知体恤，反而会因此责怪父母，日后也可能将所有不如意的事带回家来对父母发作，让父母饱受折磨，不解孩子为什么这么折磨人，专门和自己作对？

把你的负疚转为有质量的陪伴

现代社会中，有许多职业妇女因为工作忙碌，无法付出足够时间陪伴儿女而长期心怀歉疚，因此，有为数不少的父母对于是否该辞去工作成为全职爸妈，满足做好爸妈的自我期许，而感到焦虑不已。我们可以理解为人父母的这种焦虑心情，但这样的焦虑有时或许来自父母本身有个缺少亲情陪伴不完满的童年，因此希望这样的缺失不会发生在自己的孩子身上。在扮演父母的角色时，我们都不禁将自己的需要和期望投射在孩子身上，表面看来，全职爸妈这个选择似乎是替孩子所做的设想，但其实是在补偿与安慰那个童年在爱中没有被充分满足的自己。亲子教养的过程，在某种意义上来说，其实也是一种自我治疗的过程。为人父母的体验，治疗的正是我们在成长过程中的许多不足、欠缺、恐惧和创伤。但这样的投射往往也正是父母一厢情愿心理的症结。

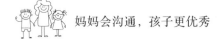

事实上，小孩子可以接受父母去上班，因为多数的爸妈都需要上班，那是生活的一部分。所以你不需要因为自己无法成为全职爸妈，或无法有足够陪伴孩子的时间，而感到歉疚。孩子需要的并不是父母二十四小时嘘寒问暖、无微不至的生活照料。他们在意与可以感受到的，是在上班之余有限的时间中，爸妈的陪伴是否全心全意和专注。

我常在公园里看见这样的场景，孩子一人独自玩耍，爸妈坐在远处的角落全心滑动手机和不断讲着电话，完全无视孩子在远处和他挥手招呼。而在动物园或游乐场所也是如此，当孩子还兴致勃勃地停留在某个兴趣点时，家长就已经不耐烦地催促，该往下个地点移动了。这种少了专注与耐心的"在一起"，就算是二十四小时的共处，又有何意义？

最有效的亲子关系，其实是建立在专注地陪伴孩子一起玩耍成长，而亲子游戏玩耍的独处时光，之所以成为孩子成长过程中闪亮的记忆，还是来自父母在陪伴孩子游戏玩乐时流露的那份从容、愉悦与享受，让孩子感觉自己是重要的、值得父母的陪伴，并充分感受到"被满足"的爱与安全感。我深信，孩子的成长过程中，必然可以从这样的优质陪伴中，理解与学习到爱，进而拥有自爱与爱人的能力。

事实上，孩子更期待的是在生活的缝隙、空档里，也能有与父母独处的机会，哪怕每天只有半小时的睡前床边故事或说话的时间，父母都可以借机关心一下孩子的想法感受、关心他当天的生活是否顺利开心，甚至再忙，也要在孩子临睡前抱抱和亲亲孩子，对他说一句："我爱你！"让孩子带着你的爱入睡。孩子幼小时，父母要懂得充分经营周末或假日的亲子时光，同时也不要忽略了，在儿女成长后，继续替家庭成员安排固定的"团聚"时段。

对孩子的爱不是形影不离的照料，他们不是要你去讨好他们，而是要知道在你心目中，有一个位置是他的，你是爱他的。所以，亲爱的父母，请收起你对孩子的亏欠感，在忙碌的生活节奏中，抽出专属的时间来全心全意地陪伴孩子，同时让每一段的亲子相处的时光更有质量。

父母们请记得，培养亲密的亲子关系，关键不在时间长短，而是陪伴的质量。亲子之间的亲密联结，和彼此优质的相处质量有绝对关联。亲子之爱，不在时时刻刻地黏在一起，却身在心不在。关注孩子的内心，永远比关注他们的吃喝拉撒更重要。

一味讨好的爱，对孩子会产生什么影响？

父母一厢情愿的给予，无论是怀着深切的目的为孩子而活，或是因为负疚感而对孩子无限度地讨好，这两种形式的爱最根本的问题都在于"你爱他的方式，不是他想要的、不是他希望的"，如此一来，爱的给予与接受之间便产生了障碍，导致亲子疏离的悲剧。一味讨好，并以物质补偿儿女的亲子沟通模式，

往往会对孩子造成以下的负面影响，做父母的不可轻忽。

◎影响一：造成孩子个性发展上的瑕疵

被父母刻意讨好、以物质取悦的孩子，怀有强烈情感的失落和不满，而容易顾影自怜。长久下来，个性有时会变得非常任性，他们觉得"只要是我想得到的东西，因为你歉疚，亏欠我，所以你都该满足我"，这种心理日后也会反映在他们的个性发展和人际交往乃至亲密关系中。

比如他们可能变成较缺乏同理心、唯我独尊、说一不二，成为一个不依我就绝不罢手、只想到自己的任性孩子。"引人注意"会成为他们的一种心理需求，而这个需求若没有被满足，就会一直滋长，如果不能得到相应的反馈，他绝不妥协、善罢甘休。有些孩子还懂得怎么控制、逼疯父母，施苦肉计来让父母难受，做出"你若不依我，我就受苦受罪，甚至死给你看"的极端行为来制约父母。

长大后，这样的孩子在学校里可能较难与人相处互动，一起做团队工作、不懂得对同学礼让或是妥协，甚至会出现一些过度自我的偏激行为，导致人际关系受挫。这些孩子本来并没有问题，这样的结果全是由于做父母的，在爱的尺度上丧失了节制与理智的判断所造成。

◎影响二：误导孩子的金钱观，并造成过度的虚荣

父母无原则、无条件地讨好、取悦孩子，他们想要什么，就给什么，一开始可能会产生安抚效果，孩子借着物质欲望的

满足得到暂时的补偿，父母的罪恶感也随之降低，但长久下来，父母可能会养成一种错误的习惯，不管孩子是否需要，都拼命地给予，不断把替代品塞给小孩，直到孩子出现理所当然的索求行为时，爸妈才发现孩子内心有个无法填满的黑洞，其实是自己长期一手砌成的。

父母一再以物质或金钱补偿孩子，不仅会造成孩子的过度虚荣，也会误导他们认为可以用钱来满足一切的想法，不了解世上还有比钱或物质更宝贵的价值或用钱办不到的事，更重要的是，让孩子不自觉地从父母对金钱物质的态度上，学到用钱来摆平天下事的取巧做法和解决问题的模式。

比如我们常会看到一些孩子出手大方，到处拿着大钞呼朋引伴，招待同学吃喝玩乐，用金钱达到交友或其他目的。父母用金钱物质讨好孩子的做法，等于向他们展现了自己的金钱物质观，给了孩子实质上非常不良的教育。

◎影响三：讨好孩子，让父母失去孩子的尊重

父母若是长期带着负疚感和补偿心理，对孩子百般讨好，不仅会让亲子的爱渐渐变质，成了条件交换或交易的关系，最重要的是，这种情形会导致亲子间在心理上的对等关系失衡，如此，等于做父母的让自己的地位与判断、见识下降到与孩子相等的水平，孩子会因此对你失去应有的尊重而予取予求，你的话很容易失去说服力或约束力。

孩子都是借父母的眼看世界，父母教养过程中的一言一行，

都是建构孩子看待世界的角度，以及评量自己生命价值的参考依据。父母草率敷衍了事、一味讨好的亲子教养模式，不仅无法让孩子学习到父母处事的态度与智慧，也失去了对自己生命价值的信心。父母的责任和义务本来就不只是为爱孩子而盲目地付出，更要教会他们什么是正确的给予和付出。只有当父母心中没有怀着一种复杂的负疚时，孩子才可能在他们的身上看见与学习到单纯的爱和快乐，并养成健康的人格。

与其一味讨好或宣泄情绪，不如和孩子坦诚沟通

与一味讨好儿女的做法对照的，还有另一种极端的行为就是，有些父母在工作上处于精疲力竭的时候，对陪伴儿女往往是有心却无力，或者是也无力再付出。我们能够理解，一个工作一天后疲惫不堪回到家的父母，内心实际上是既困倦又烦躁的，此刻，他可能很难以最温柔的姿态、平和的态度，对待与照顾孩子或家人。一个身心都疲惫的父母，心底深处往往只有一个感受就是："你们别再烦我了，我已经这么累了，为什么还要给我找麻烦，难道看不见我的身心都已经耗尽了吗？"

当你既想扮演孩子心中的好爸妈，却又力不从心时，与其陷落在因负疚感而一味讨好孩子，或者对孩子发脾气直接宣泄疲累的情绪，这种两极的恶性循环中，何不花一些时间和孩子直接沟通，真诚地向他们描述自己的生活、工作处境，并表达

自己的心情，把他们当个大孩子看待，请他们理解你的一些难处，这样做，不仅可以让孩子有机会认识你的工作、生活情境，进入你的内心世界，也可以明白你夹在家庭和工作间的力不从心，或时而沮丧的心情。

在与孩子解说自己困境的同时，你可以这样告诉孩子："妈妈希望有更多陪伴你的时间，但是工作好多，有时做不完，妈妈也好累、好疲倦，但是我们约定这个周末一定一起去玩！"或者，你也可以尝试和一定年龄的孩子分享更真实的感受，同时做出约定的承诺："爸爸／妈妈工作忙碌，不能常常陪你，可能让你很失望。但是爸爸／妈妈还是很努力地想做你的好爸妈，所以也需要你的理解和鼓励，因为你是爸妈最最心爱、最在意的人！无论再忙，爸妈都想和你在一起，让我们约定以后……我一定会做到……"这样真诚开放的态度和承诺，会让孩子感到安心与释怀，让他知道你关心他、在意他，不仅可以消弭他心中被父母刻意冷落的疑惑，也是对他很温暖贴切的安慰！

此外，当父母们处在非常疲累的当下，孩子又惹出麻烦时，与其对孩子发怒，让他们一起遭殃受苦，还不如直接对他们表达自己的心情状态和感受，对他们说："爸爸／妈妈好累，你如果可以自己把这件事情做好，不要让爸爸／妈妈这么累，就真的帮了一个大忙。爸爸／妈妈照顾你，有时候需要和希望你也能照顾我们！"不要担心孩子会因此不悦或不接受。想想看，

当你对孩子如此坦诚表达时，你自己会有什么样的感受？你自然会看见自己的，停止对他们的情绪抵制与计较，而你的"拜托"也会赢得孩子的心！

总之，当父母因工作过分忙碌或疲惫而无法满足孩子的陪伴需要时，与其心怀歉疚，不如以正面积极的态度看待，借由良好的沟通，清晰与正确地表达自己的心情与困难，让孩子感受到亲子间的信任与亲密，而无须用两种极端的方式，如一味讨好或者宣泄情绪，来加大你与孩子的距离。当然，这样的沟通需要的是意愿、时间、精力和耐心，更重要的是，你发自心底的爱，而不是对孩子的一种强迫的责任感和一时的哄骗。

其实，亲子共同面对困难、解决问题的信心，对孩子而言，才是最宝贵的亲子沟通教育！

你是个一厢情愿"把个人意志强加到孩子身上"的父母吗？

在扮演父母的角色上，我们常觉得自己是过来人，总想替孩子下指导棋，而把自己的情感、兴趣、需要、期望、观点、态度等强加在孩子身上，这就是心理学中所谓的"投射效应"（Projection effect）。这样的投射行为原是出于父母对孩子的爱护之情，希望孩子的人生能避免重蹈覆辙，犯自己犯过的错，吃自己吃过的亏，或受自己受过的苦。但我们忘记了孩子的成长环境和自己并不相同，更忽略了孩子也是一个独立的个体，有自主性，也有他们自身的内在需求和发展潜力，而不是父母的附属品或复制品。所以如果父母的投射效应过于严重，把种种自以为是的想法和做法强加在孩子身上，实际上就变成一种控制行为，这不但阻止你去真正了解孩子，也会限制孩子的成长与自我的发展。

事实上，投射效应最大的问题，就在于父母会理所当然地以自己的心理去揣度孩子的心理，并假设孩子与自己有相同的倾向和需求，而"一厢情愿地"把自己的意志强加在孩子身上。譬如家长自己是学医的，就会规划孩子将来也能继承衣钵；家长学识渊博，往往会规定孩子从小博览群书，而父母性喜热闹、善于交际，也会期待孩子广结人缘。

生活中，我们可以看见父母一厢情愿地为孩子所做的一切安排。从幼儿园开始，许多父母就已费尽心思地替孩子选择就读名校，舟车劳顿地越区就读、安排孩子学习各种才艺技能、上各种补习课程，让幼儿背诵唐诗三百首或其他文学经典；长大后，更替孩子决定学校志愿排序，选择就读科系、毕业后安排孩子出国留学，甚至让他们滞留异乡，光耀门楣。

事实上，几乎所有的父母都真心诚意地自认，自己为孩子所做的一切安排和决定都是"为孩子好、为了爱、为他想"，但是这些连孩子自身都无法承受的"好意"，真的是为孩子所做的设想，还是父母一厢情愿地将自己的意志强加到孩子的身上，来实现与满足自己的愿望和私心呢？

别一厢情愿"把个人意志强加到孩子身上"？

有个孩子曾和我分享了她的案例。她说："父母从不愿意听我说话。在我高中毕业想报考大众传播系的时候，爸妈极力反对，理由是工作不稳定、没有出路、待遇低、没地位等等，说来说去都是他们自己的想象，毫无根据。我都还没上路，他们就已经看衰我！"互动到最后，孩子还是义无反顾地做了自己的选择，爸妈瞬间崩溃变脸，撂下狠话："我们反对你的选择，是为你好、替你想，选个容易就业的科系，未来出路好，难道有错吗？你要是这么做，以后就别想再靠我们，你自己想办法赚钱交学费、养活你自己！"孩子的心顿时冰冷，不解父母的爱为何会瞬间冻结，只因自己"不听话"，不愿接受父母的"控制"？

这个案例透露了父母总是一厢情愿地用"为你好、为你想"的说法，对孩子进行强力控制的意图。事实上，许多父母都常这样说："我说的或所做的一切，都是爱你、为你好！""听我的话，你有一天会感谢我""我的牺牲都是为了你""我所做的一切都是为了你"等等，控制行为背后的借口实在太多，然而这些话的背后都指向一个意念：我要为你的将来负责，所以无论我"说什么、做什么，你都得听我的"！

然而这也提醒我们，一厢情愿的控制背后，往往隐藏着更深刻的心理缺失。那就是，除非儿女们能做到父母希望他成为的那样，否则就会让父母失望，换句话说，父母"都是为你好"的说辞背后，其实是希望透过控制来改变儿女，最终还是要儿女顺从听话，来满足自己的想法、需要与愿望，而"听话"是华人孩子被教导与重视的核心价值，正好被用来作为对孩子进行"情感绑架"的利器。

孩子幼小时只能听任父母的安排控制，但长大后，这种一厢情愿的安排，只会让孩子与你疏离，也会让你事与愿违，孩子往往不能或者不愿按你规划好的人生道路走下去，尤其不能接受自己成为你希望的样子。父母的投射心理得不到满足，就会造成亲子关系的紧张或破裂。

什么样的父母容易把个人意志加诸孩子身上?

为人父母的常不自禁地投射自己的心理特征、需求、愿望和情感的好恶在孩子身上，来安慰或满足那个不如意的自己，并自认帮助了儿女的成长。

把个人意志强加到孩子身上的家长中，有些是教育程度较高、成就非凡或环境优渥的，他们看不得儿女落人之后，也受不了儿女将来不如自己，一心想在孩子身上复制一个自己。这其实就是一种典型的"投射效应"。然而，许多自觉一生平庸失意的父母，也会将自己人生的不满、缺憾投射到儿女身上，希望借由孩子来实现自己的梦想，弥补自己人生的缺憾。但事实上，我们的确见到很多父母并没有太高的教育水平与社会经济地位，也能让孩子适性自然地成长与发展，教育出极为出色的孩子，所以受过高等教育且事业成功的父母，也并非就是更合格的家长。

当然，还有一种极端情形是，有些父母只是无知地把孩子视作自己的财产，为展现自己做父母的权威，对孩子粗暴干涉、无理限制甚至严厉控制。这样的父母多半成长于"受长辈安排一切"的年代或家庭，并且深受上一代权威教养方式的影响。他们的成长过程中，很少有机会争取过自己想要的生活，拥有自己希望的人生。"为自己而活"，对他们来说，是一个奢侈甚至并不存在的想法，所以他们很自然地会出现一种"自己遭受某种对待，所以也可以如此对待他人"的错误迷思，认为自己没受到过的待遇，孩子也没权利享受，当然更可能的是，连自己都未受到过应有的尊重，又如何懂得尊重儿女？ 于是形成亲子两代相传的恶性循环。

的确，基于不同的心理，许多父母都会不自觉地以各种方式去干涉、主导或控制，让孩子发展成自己希望的样子。无论你的一厢情愿是出自好心或无意，孩子都会给你最真实的回应，让你发现自己一厢情愿将自己意志强加到孩子身上的爱，其实是破坏亲子间的亲密和信任的元凶。

"假爱之名"，你对孩子进行了哪些"实质的控制"？

在亲子教育过程中，许多家长的确多少都会对孩子进行一种所谓"我们做什么，都是因为爱你、为你好"的情感绑架。带有这种情感压迫的家长们往往"假爱之名"，将自己的意志强加到孩子身上，对孩子施加一种"软暴力"。当孩子在生活、学习、交友、就业等方面，和父母的意见产生分歧时，家长就会拿出"为你好"这个理由，来压迫孩子听话就范。

的确，我们在爸妈身上，可以观察到各种控制行为。最典型的就是在求学阶段逼迫孩子过度学习。"你要好好读书，爸爸妈妈这么辛苦，都是为了你的将来"这句话是许多父母劝说孩子努力向上的说辞。他们担心自己的孩子输在起跑线上，所以从小就替孩子报名各种才艺班或学习课程，想办法把孩子的生活空间填满，以确保孩子没有落后。许多父母甚至会在孩子完全不理解内容意义的情况下，强迫孩子机械性地背诵唐诗三百首。当孩子逐渐长大，有了自主意识，开始抗拒父母的这些安排时，父母就会苦口婆心反复告诫孩子："这么做，都是为了你的将来。"畏惧父母的权威，孩子也只好勉强屈从。

但是当孩子长大成人后，父母的控制往往并未终止，他们开始干涉孩子的感情、社交生活，不仅干涉孩子的交往对象，甚至要求孩子的结婚对象必须通过自己的审核，也因此影响了儿女的婚姻幸福，甚至在婚后过度介入而拆散了儿女的家庭。

然而，当孩子成年后对父母怀有控制的意图和特定目的，会变得极为敏感与反感，他们开始反击，且回应与质疑都是一针见血："你们要求我出人头地？那你为什么不自己去做？""你做不到的事情，为什么我就要做到？""你没完成的愿望，又不是我的愿望，你凭什么要我去替你完成？"甚至"你也做不到的事，凭什么指责我？"

尽管父母自认所做的一切，出发点都是"为孩子好"，但是他们却忽略了，孩子不是父母的财产，孩子是独立的个体，长大后，他们的人生和未来只能让他们自己做主，做父母的只能从旁引导他们，而非控制他们的生活。

父母抱持"我们做什么都是为你好"的想法，将自己的意志强加在孩子身上，让父母站在一个不平等的高度，不仅将孩子的个人角色架空，让孩子觉得"被拥有"和"被幸福"的不自在，也剥夺了他自由自主的权利。只有当做父母的能够承认，自己一厢情愿地对孩子施加的许多作为，不过是个人投射效应的私心在作祟时，才能学习尊重他们并允许他们独立生活，追求自我的实现和发展。

亲爱的父母，请提醒自己：爱孩子，不是因为他是我们的小孩，同时也是因为他是他自己！ 如果我们无法放弃将孩子一手捏造成自己得意作品的想法，逼迫他们成为我们希望的样子，走我们为他选择的道路，就无法真正摆脱对他们的控制。这并不是说身为父母，都不应该限制或控制孩子的任何行为，而是只有在父母完全接受了自己的孩子是谁，并了解他希望成为谁的事实后，才能不再过度担心他们，也可以放松想控制、改造、操纵以及改变他们的这些企图，允许和帮助他们成为真正的自己！

可怜天下父母心。在你要求孩子该如何、为他安排一切的时候，请务必自问：你是真的为孩子好？还是只是为满足自己？ 给孩子温暖的同时，请不要假爱之名绑架孩子，将你的爱变成一种"软暴力"。让你们的亲子关系更加健康成长。

父母的过度控制，会导致孩子不可预期的严重恶果

当父母一厢情愿地要求孩子执行自己的意愿，而忽略孩子真实的心理需要时，孩子肯定不会认为那是一种爱，反而会因为失去自由与自主权而感到沮丧受伤。对一个敏感和有自尊的孩子，他未来的生活和人生受父母的安排越多、越被决定与主导，人生就越不可能快乐，离幸福也越远，这些孩子内心的痛苦和绝望，如果都说出来，不见得比父母少。

而父母努力为他们争得和给予的一切，在他们眼里也许是

最没有价值，最不稀罕和有负担的。从许多的案例里，我清楚地看见，父母们给孩子的一些自己想象的担心与自认出于爱的建议，往往都只是一些限制、规定与控制，这不仅加重了儿女的问题与心理负担，也伤害了孩子的自信与自尊，但是父母往往并未觉察自身这样的问题。

事实上，父母干涉、主导太多，很容易导致孩子消极被动的性格，这样长大的孩子，从来不是为自己而活，也没有自己的梦想。这种"自己的梦想还有生命道路，并非自己所能决定"的状况让他们感到挫折，因此在生活中，他们显得活力不足，在遭遇困境时，往往也欠缺耐受力和续航力。

这样的孩子长大后往往缺乏自信心，有种爱的欠缺和不安全感，害怕失败，因此压力大，且做事畏缩、不敢承担、要求完美，尤其对自我要求苛刻，也很难和别人建立信任友好的关系。

在我的接触观察中，这类孩子常会呈现两极反应：一类显得优柔寡断，缺乏成就动机和进取心、没有自信，遇到困难，很容易丧失努力的动机；另一类孩子则显得叛逆违常，且会有过度偏激的意念和强迫行为。在成长过程中，父母过分的干涉与控制即使短暂产生约制的效果，但孩子终究会意识到自己是父母的工具，父母的爱永远建立在他们的成功与否，那是一种有条件与负担的爱。背负着这种必须让父母满意、替父母成功的孩子，会对人生感觉无能为力，对生活没有太大的盼望，活得不快乐，也找不到自己生命的价值。

由于这些孩子的自我价值都是由父母决定的，所以人生所有大小事都只有爸妈说了算，如果父母满意，自己就有价值，反之则否。这样的孩子曾向我诉苦："自己从不敢松懈，永远都在争取表现，为了让父母肯定，多看自己一眼，必须贯彻爸妈的意志，完成他们的心愿后，才有被爱的机会。"

被如此对待的孩子，即使长大后拥有令人欣羡的成就，仍然没有安全感，缺乏对人的信任，自我防御机制也很强，成功背后，他们的内心其实自卑、敏感与脆弱，性格中也较缺少坚毅、创造力，不敢去冒险、害怕犯错与负责。由于从小就失去尝试不同机会的勇气，只知道做错事，后果将会很严重，所以欠缺信心、勇气，长大后连自己的幸福也不敢争取，最终可能成为生命的输家。如果我们从孩子成长的背景去探索，便不难看见，孩子出现这些病态问题背后的根源，正是父母过度的控制。

对于父母过分严厉的控制，孩子多少会有反弹与反抗的情绪，这本来是一种正常反应，但若父母的期望过高、要求过严，对亲子感情毫无警觉地破坏，控制行为超过孩子可容忍的限度时，孩子也可能会在长大后做出激烈和反叛的行为，不但说不听、管不住，更可能会刻意反向操作，造成适得其反的结果。孩子的心理反应是："你们既然这么想控制我，我就偏要反其道而行，来个大失控，让你们担惊受怕，绝对不能让你们的意志得逞。"最后，这些孩子可能会刻意脱轨演出。

常见的状况是他们突然变成任性、赌气且离经叛道，也可能加入帮派、打架闹事、离家出走在外游荡、逃学、抽烟甚至嗑药，做出一些让爸妈痛心、极端不理性，甚至自毁前途的事，为的就是一个很简单的目的——用行动反击对抗，甚至惩罚与报复父母的控制。但是他们的内心并非真的想伤害父母，而是希望借由一些极端激烈的行为，让父母正视他们渴望被尊重、渴望自由和自主的需要。

亲爱的父母，当我们一厢情愿或不自觉地将自己的愿望和意志加诸孩子身上时，需要自我反省的是"爱"如何可能是只爱孩子，却不爱孩子所爱的自己和他的想望？有不少孩子曾与我诉苦：父母关心他的"表现"，甚于关心他"本身"，父母在乎的只是他的成就，而自己所做的一切，也都是为了父母，找不到自己存在的意义与价值，这样的孩子如何可能拥有一个幸福的人生？

当然，要让孩子完全成为他自己，对许多父母都不容易，但是，无法被允许做真实自己的孩子，却更难！做父母的既然愿意为儿女付出一切，又为什么不能让孩子做他愿望中的事呢？这是亲子之爱中，父母必须自我破解的一个迷思。

拥有"正面稳固灵活"不断成长的自我观感，才能避免成为一厢情愿的父母

控制不了自己的父母，才会想去强力控制儿女。很多时候，我们会发现父母强烈的控制欲是来自无法控制自己的情绪、人生和命运。当父母本身欠缺一个更正面、坚固灵活的自我观感和价值感的支撑时，便需要借由控制别人，从别人的行为来获得自我的肯定或安慰。于是他们会借由控制来改变儿女，并期待以儿女的改变，来补偿不能控制自己人生的缺憾。换句话说，当我们想去控制孩子时，通常是因为我们自己欠缺一个稳固的自我和自我价值感，因此需要借由别人的语言和行为来得到自我肯定、安慰或补偿。因此，只有当父母本身能拥有一个正面（Positive）、坚固（Solid）与弹性（Flexible）的自我观感时，才能避免对儿女的压迫与控制。

每个人的行为都会和他的自我观感一致，这就是所谓的"预言成真效应"。所以，做父母的怎么看自己，自己就会是哪样的父母。如此说来，一个缺乏自信、悲观、不幸福的人，在为人父母后，必然会成为一个同样的父母。简单来说就是，你会成为你所预言的自己。反之，一个拥有正面、坚固自我观感的父母，乐观、自信，他们的自我信念与价值感不会轻易受外界影响，也能不畏批评、勇于包容儿女多元的意见，而不会试图强力改变与控制孩子的言行，并能不断寻求改善自己。也可以

这么说，一个自我观感正面、坚强的父母，不需要靠孩子的听话顺从来证明自己的权威，不需要靠孩子的知恩图报来肯定自己的存在感，也不会让孩子为自己的情绪和人生负责，更不需要靠孩子的成就来证明自己的价值。而相对地，一个自我观感负面、脆弱的父母，很难吐露一个快乐的字眼、一句对孩子衷心的赞美，或有任何感激之情，而是时时诉苦、抱怨、批评及贬低周遭的所有人和事。

而拥有灵活弹性自我观感的父母，则如前章所说的，无论处在什么环境或生命阶段，都能展现出不断自我探索与自我改善和实现的动力，也能随着生命阶段的变化，不断自我提升与成长，让自我观感不致僵化或停滞不前，最重要的是，他们懂得随着孩子成长的需要进行心态的调整、追求进步、自我教育且不断改变。只有当父母的内心无比强大，能够实现自我价值，活出自己的幸福且无所遗憾时，才能展现出本章开头所描述的"普通爸妈"的自然与自在，也就是，只有当父母的自我观感不断持续成长与提升，拥有稳固的自我价值感，且能活出自己的幸福和圆满时，才能拥有不去控制孩子的开放与自信，不以孩子的改变回报来肯定自己的价值、不靠孩子的成就来壮大自己，且能超越让孩子完成自己愿望的私心，让孩子也活出属于他们自己的幸福！ 而孩子也可以从父母展现的自我和自信上获得成长。

只有能够不断提升自我观感并实现自我的父母，才可以自信地告诉孩子："爸妈这一生很努力，实现了我们各自的梦想，了无遗憾且圆满，所以你们不要有负担，只要做你们自己喜欢做的事，走自己想走的路，成为最真实的自己。"这样的父母，即使对孩子毫无所求，结果也多朝正向发展，因为孩子不必为了父母而活，更可以认真且活力十足地追求自己的梦想，活出真正属于自己的不平凡！

　　亲爱的父母，真正的教育从自省开始。而父母最好的自我教育，就是自我的不断成长。教育孩子就是让自己先幸福起来。一个好爸妈，得先经营好自己，才能经营好亲子关系！

信任与放手，让孩子活出自己的精彩！

　　给孩子更多的空间与自主权，也就是做到"放手"，一直是亲子教育中重要的课题。有名单亲妈妈与我分享了她的经验。这位妈妈提到自己前后生了一女一子，儿子年纪较小，是个早产儿，因此自己较常把注意力放在儿子身上，从小凡事都帮儿子打点好，安排所有的事，要儿子照着既定的方向走；至于女儿则是任由其自由发展，较少限制。结果两个孩子逐渐长大了，这位妈妈发现由她全面掌控的儿子个性内向害羞、没有自信、容易受挫，反而女儿在各方面的表现上都游刃有余。她开始感到担心，觉得是不是自己帮儿子安排得不够完美，但事实正好相反，儿子在升上高中，必须远离妈妈身边，开始住校后，所有问题反而通通不药而愈，孩子也从一个没信心、羞赧的人变成较外向、懂得如何运用人际技巧的人。

这案例提醒我们一件事——千万不要假设自己的孩子是无能的！孩子并不如我们想象中那般脆弱，但很多爸妈一开始就有先入为主的偏见，替自己的孩子贴上了标签，觉得他们是无能的、是脆弱的，因此轻率地想帮他决定脚本，想替他除去障碍、替他受罪，结果呢？这通常会演变成爸妈不在身边，孩子就无法自行解决问题，他们不是不会，只是平常根本不需要有这样的能力，一直到爸妈们适时地切掉控制开关，才会发现孩子的创造力、独立性、解决问题的能力全都迸放出来了。

做父母的也不需有这样的忧虑："如果没有我的这些安排或照顾，孩子会怎么样……"这有点类似一朵花生长的过程，不管是娇贵还是普通的花，只要有大地、雨水，即便没人特地去照顾，它们在草原上其实都可以顺利活下来，哪怕是活成一株野草。家庭亦然，当爸妈已经给了孩子一个健全开放的环境时，孩子自然就可以找到自己的生存空间与方式，父母需要提供的，仅仅就是持续让孩子感受爱与信任的滋润，他们便能逐渐长大。

在大学教书，也有不少大孩子向我抱怨，即使上了大学离家住校后，父母仍然不放手，以儿时的管教方式继续严加控制，要求他们每天固定打电话报平安、每周一定要回家探视一次、学校发生的大小事也都要巨细靡遗地禀报，随时查勤，连起居作息的时间都要报备,对孩子毫不松手地进行远端的强力监控，换来孩子的强烈反感与反弹。

父母心中永远存在着焦虑、担心，怕孩子独自在外居住不安全、饮食不佳、不会照顾自己、荒疏课业、学坏等等。但父母越是这样，孩子越是无法真正长大。孩子成人后，父母的提醒、关照和叮咛，往往只是满足了做父母一厢情愿的自我角色认知情结，对孩子而言，却是一种多余、不信任和难堪的对待。如何随着孩子的成长，适时放手，是父母最需要自我教育与练习的亲子课题。

无法放手的父母,最大的心理症结往往是错认放手就是"放生"，任由孩子自生自灭，或者是"放任"，看着他恣意妄为而不管，甚至是"放下"，从此对他视而不见，但这些想法其实都只是父母心中自己的想象和迷思。

事实上，放手，也并不是完全不管孩子，放任他为所欲为，逃避父母应有的教导之责，而是意味着一种对孩子的理解、接纳、信任与尊重的态度。在孩子长大后，接受他本然的样子与特性，尊重他的自主与独立性，同时信任他的能力与判断，肯定他的想法与观点，愿意给孩子更多自主发挥与发展的空间和权利，让他从中学习自我负责，并逐渐迈向成熟。

所以放手，并不是让父母从此完全不再过问孩子的任何事情，由过去"全然保护"的态度，转为任由他我行我素的"极端放任"，而是在尊重的前提下，更加敏感地觉察与约束自己想打造和控制孩子的欲望，在心理上做好和孩子切割的准备，把本该属于孩子的自由和自主的支配权还给他，给他更多尊重、肯定和信任，取代干涉、主导、控制和命令的教养态度，让孩子选择和决定自己要的生活，而非凡事都唯父母之命是从。

因此，理清哪些是父母该做或该管的事，哪些是可以允许孩子自己去做、去尝试的，这之间的界限与分寸的拿捏就很重要。首先，父母要改变的第一个念头，就是放下让孩子听话的想法，同时改变过去的说话习惯，不要再说出绝对权威和单向指示性的胁迫话语，比如："我说的话，你就得听""我是为你好"或者"你爱我就该……""你非得听我的，不听我的话，你会吃大亏"。放手的精神，就是要"多听少说、少批评"，也就是前面说的，不要把自己的想法强加给孩子。

其次，也要掌握几个放手的原则。首先，间接引导胜于直接建议，先倾听理解孩子的问题，再与他进行讨论，除非孩子主动要求或必要时才提供自己的建议。许多时候，孩子对问题其实都早有判断和决定，他们真正需要的，只是确定父母能理解、肯定与支持他们的选择或决定，并从中获得爱的力量，所以父母要谨记倾听胜于指导。第二个原则是尊重与信任孩子，而不要去质疑与批评他的判断和决定（这部分在本书后面章节会详细说明）。第三是要接纳孩子的状态，而不是总想改变他或插手帮助他，这似乎是许多父母最难做到的——不懂得什么是得体的孩子的生活。

很多父母从孩子小时，就几乎是全面介入孩子的生活，从替他写功课、做课外作业到解决孩子的人际问题，长大后，更是变本加厉，从托人推荐工作、介绍对象、帮忙买房到照看孩子，几乎是全面插手孩子的人生。这往往让孩子进退两难，往好处想，是父母的一番心意、难以拒绝，但说穿了，这还是父母放不了手，借着主导控制孩子的人生，来获得自我存在的价值与意义。而放手的最后，也是最重要的一个原则就是，无论对孩子提供任何资源或协助时，都要做到让孩子感觉自然而不刻意。无论你是在指引他们、建议他们或帮助他们，都请尽量不露痕迹，如此才能避免孩子的反感与反弹。

父母们需要了解的是，家庭成员间的关系本来就是倾向于互惠互补的，当你为孩子做得越多，考量与安排越多，相对地，他们需要做的就越少，越无法独立自主，这就是所谓"父母万能，儿女无能"或"母强子弱"的道理。久而久之，孩子也就逐渐丧失了独立性与自己的价值感，长大后，甚至可能成为一个生活的低能儿，因为父母在生活里为他做了一切，甚至是为他而活，孩子因此被剥夺了自我探索、发现并成为自己的机会，失去了自我，他如何可能找到自己存在的价值？爱自己并感谢父母的爱？ 所以做父母的不仅要切记，不要太急于投入，而且投入太多，更要懂得适时地放手，让孩子在独立自主的学习与犯错过程中，活出自己的人生！

亲爱的父母，孩子成年后，请记得适时放手，给他一双翅膀，让他自在地飞翔，见识天空无边的壮阔。将孩子放飞天际，对每个父母都不是件容易的事，但这正是一个内心圆满，完成自我教育的父母，才能给得起孩子的礼物！

换位思考的练习：站在孩子的角度看事情

事实上，做父母的常会理直气壮地认为自己的做法都是无私的，都是为了爱、为孩子好，而且人生经验也比孩子丰富，替他们的着想、安排和决定肯定不会错，而忽略了平等对待孩子。当然也有些父母始终无法放下自己就是绝对权威的架子，而容不下儿女的质疑、挑战或反抗。

其实，孩子在跟爸妈争执时，爸妈往往可以从孩子的回应里看到一些端倪，借着孩子的眼睛来看看自己，是不是当了父母，就忘了自己是怎么长大的？ 检视与觉察自己是不是对子女做了过多的干涉？ 自己真是为孩子好，还是以"为了爱你、为你好"之名，处处干涉控制，逞了自己的私欲，让孩子饱受压迫。当孩子以实际的话语诚实地向你反映："爸妈，你们的爱对我来说根本不是爱，那是控制和虐待，你们让我既有负担又痛苦！"时，你听不听得进去、愿不愿意面对和自我检讨改进，是对亲子关系最大的考验。

想要改善这样的沟通误差，最简单的方法，就是练习换位思考。透过"换位思考"，也就是站在孩子的角度看事情，而非以自己的观点去臆测事情的全貌、妄下结论，批评孩子的作为，甚至将自己的意志和观点强加在孩子的身上。比方说，孩子在你认为不适合的年龄谈恋爱，你可能会强迫孩子断绝往来，但是孩子无法接受你的看法，他的反抗让你感觉气愤沮丧，此时，你可以试着将自己的角色转换，回到和孩子年龄相近的年代，去回想一下自己当时如果遇到同样的问题时会怎么处理？想想当年自己的爸妈阻止年轻的自己谈恋爱，和你闹得很厉害时，你的感受是什么？ 想想如果人生可以重来，你还会不会走今天所走的这条路？

透过换位思考，设身处地思考，孩子为什么不能选择他自己想走的路？ 这种做法主要是让你能站在孩子的立场去看事情而冷静下来，这也是本书稍后会充分解说的"同理心的沟通"技巧。

因为当我们用成年人的心情在看人生时，就会有成年人的负担和视野，但是你若回到自己的青春或孩童时期的角度看人生时，反而会觉得"允许孩子错一次吧。只有那样，他才会自己学到"，因为孩子还有很大的成长和改变空间，而且要一个孩子不犯错，要他完美，这岂不是一个既奢侈也并不实际的想法和要求？

人生没有捷径，有时候我们必须接受，孩子就得自己走上几段迂回路，绕啊绕，或者陷入泥沼挣扎脱身后，才会看见自

己的出路、找到自己的正途。当他们亲身经历和承受了身体发肤的苦、心灵的痛，才会明白——父母的话，未必全是废话！但前提是，这得由他们自己去体会发现。

良好的沟通与美好的亲子关系是孩子成长的重要基础，且影响他日后各种关系的建立，事实上，父母仔细想想，逼迫孩子事事听从自己的意愿而活，即使他们成功了，但从此丧失独立自主性和健全的人格、失去快乐和幸福，父母又有何成就感？反之，只要孩子心理健康地长大，又有什么心愿是他们不能去实现的呢？

所以，学习不去控制孩子的最核心的关键要素之一，还是在于你的自我觉察与心态的调整。问问自己：你是否体认与接受了孩子长大的事实？ 做到适时与适度放手，懂得尊重他们的自主权，给予他们所渴望的自由、允许与接受他们犯错，且对他们深信不疑？沟通本身就是一个"诉说"和"倾听"以及意义"分享"的过程，只是很多亲子关系中都只有单方面各自表述，光"说"而不"听"。所以，试着将亲子双方的角色交换，借由换位思考的同理心相互倾听彼此的心声吧！

从孩子的眼中，
了解他们对亲子之爱的感受与期望

在养育孩子的过程中，我曾经从他们的身上得到过许多深刻的启发。孩子让我领悟，只要能用他们的眼来看父母的角色，适当回应他们对爱的期待，以他们为师，跟他们学习，自己便能渐渐成为一个更好的妈妈。

女儿读初二时，我有次参与她的家长会，无意间读到她的一篇作文，让我无限感慨。在这篇以"我的母亲"为题的作文里，女儿以自己丰富的想象，勾勒了一个并不存在的母亲，那个想象的母亲，是一个每次下课走出校门就能看见的妈妈，一个不停穿梭厨房、满头汗水地为家人张罗一顿佳肴的妈妈，一个任何时候打通电话就会实时出现解围救困的妈妈。

女儿的这篇作文，对我是一种学习与感悟，让我了解到，现实生活中，孩子要的并不是一个穿着光鲜亮丽，终年勤奋忙碌的杰出的学者，更不是一个在外人眼中超级完美的妈妈或女强人，而是一个最平常不过的妈妈——会持家、煮饭、接送他们上下学，适时为他们解决问题，这些就足够了。

对自己努力一辈子换得的成就，我们常自我安慰是报答父母、造福儿女、实现自我。但是自我的意义与定义是什么？缺少和孩子的相互期待，相互定义与回应的自我，又有什么意义？在儿女心目中只有一个爱自己的妈妈及一个不爱自己的妈妈，对他们来说，妈妈不需要完美，只要能符合他们对爱的感受和期待就足够了。

跟着孩子学习：
了解与回应孩子的情感需要和期望的爱

在女儿童年时，我也有过另外一次很深刻的学习。记得女儿大约五岁时，有天我带她出门玩了一整天，因为平时工作较忙，那是一次难得与她全天共处的机会。回家途中，她拉着我的手又笑又跳地说了句："妈妈，我今天好幸福喔！"我当时一阵鼻酸，更觉讶异与感动，一个五岁的孩子怎么会懂得用"幸福"这么抽象的两个字来形容自己当下的心情，那是我第一次感觉小孩子其实一点都不傻，她知道什么是爱，什么是幸福，知道妈妈平常即便没去上班，在家里也有其他工作，能够空出一整天，带她出去玩，那是多么难得的享受。

女儿的一句童言童语，教会我做父母的一件事。我们常常用自己的方式去爱孩子，想尽办法去讨好他们，让他们过好生活——吃好的、穿好的、减少体力劳顿等等，替他们想尽办法省事、省力、省心，安排一切，但那未必是他们所希望或能感受到的爱。对五岁的女儿而言，幸福，纯然只是有妈妈的陪伴，拉着妈妈的手，掌心传递的一种温度与本能直观的感受！

所以，爱，不是单方面地讨好或给予，而在于你给予的爱，是否是孩子感受到与期待的。只有当施与受的双方都能情意契合，孩子懂得父母的爱，父母的爱也能得到子女的反馈，才是良好的亲子沟通、圆满的亲子之爱。每个孩子都有自己的情感需求和对于爱的方式的期望，但是做父母的你，真的懂得如何准确地表达自己的爱，让孩子完完全全地感受到吗？

聆听孩子的需要与期待，向他们学习，从他们的眼中照见自己，我们为父为母的生命体验才会不断成长。和儿女的一世情缘，我领悟到，他们期待的那个母亲角色其实很单纯：无论生命的任何阶段，母亲，只要在他们需要的时候，安静地倾听；在他们受苦的时候，温暖地陪伴；在他们挫败的时候，用心地扶持；在他们得意的时候，全心地祝福。这么一点点的贴近与贴心，其实就是孩子们所需要的一切。

懂得从孩子的眼中看自己，做父母，其实真的不那么难！

你如何觉察自己的爱是不是一厢情愿？

所有亲子关系的亲疏与否，都取决于良好的沟通习惯，这种习惯在孩子越小的时候养成越好，如果父母与孩子从小就不够亲近，也没养成沟通分享与对话的习惯，长大后他们自然会拒绝与你亲密对话或接受你迟来的沟通邀请。

做爸妈的你，是否适时关切过孩子的细腻需求，实时满足了他们对爱的渴望？ 你和孩子间有良好的沟通管道和习惯吗？ 不论有或没有，你都可以从现在开始，练习对孩子送出一个诚恳的邀请，邀请他与你一起进行训练与对话。借由这些练习，你可以在孩子的眼中，看见那个自己也未必认识的自己，尤其是自己为人父母的样子，也从练习中了解孩子的期待。孩子真正地看见你，并且会不断让你发现新的自己，在孩子的眼中，你才能真正找到自己作为父母，在这个世界上存在的意义与价值。

事实上，青少年阶段的孩子都很直接，不像成年人总是拐弯抹角，如果他们感受到父母的认真与诚恳，自然会愿意与你对话，并说出真实的感受，你若能从中得到他们如实的感受，并且针对他们的感觉给予真实反馈，必然能为亲子关系注入养分。所以父母应该尽早培养和孩子亲密沟通的习惯，透过实践训练，与孩子建立更紧密的联结。

在沟通的过程中，爸妈可以了解的是"孩子希望我用什么方式去爱他"。比如说，幼小的孩子最想要父母的陪伴，所以安排与他们单独相处的时间是必要的，和他们一起游戏，到公园骑脚踏车、溜冰或为他念床边故事，甚至停下手边的事，专心和他说说话。至于青少年阶段的孩子可能希望得到父母更多的理解，因此可以约定每周一次和他单独外出，让谈话及亲密的分享更容易，也可以花点时间和孩子约出去吃个晚饭、散步，或一起搭车外出，这都可以增强亲子之间爱的联系。

　　这些亲子独处互动的习惯从小就要确立，因为沟通其实没有什么其他的诀窍，它就是一种学习与不断练习，随时改进、改善的意愿和相应的作为。沟通学为我们确立了一个信念，任何关系都可以透过学习和练习来获得改善，所以这样的觉悟与决心永远不迟也不晚！

亲子间最重要的是从小养成
彼此沟通的习惯

　　其实沟通就是一种生活中随时不断的练习而养成的习惯。做父母的如果在意、想成为更好的父母，就要让亲子沟通成为家庭的文化。小时候缺乏父母陪伴的孩子，到了青春期，就会开始与父母特别陌生疏离，那时尽管你用尽心力、想尽办法，可能都很难唤回他们已经越离越远的心。

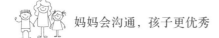

　　这并不是鼓励父母要尽力成为全职爸妈，更不是说，为了孩子，父母要牺牲自我或自己的时间和生活，而是做了爸妈后，你需要抽出专门的时间和孩子独处，并安排固定的时间和他们说说话，养成和他们固定沟通的习惯，哪怕时间再短，都是建立亲密关系的必要接触。只有从小建立一种紧密的关系，孩子成长的过程中才会自愿接受你在管教和观念上的引导和影响。也就是说，只有孩子跟你亲，才会听你管，否则，等他长大了，进入了叛逆期，你想管，也未必管得住了！

　　所以，亲子关系的经营，真的要注意"有效期"。

　　沟通，从来不是挂在嘴巴上讲讲就好，也不是因为孩子年纪小，就可以忽略的需要。从小开始和孩子养成沟通习惯，长大后他们也会继续向你倾诉心里话。如果从小就不沟通，爸妈选择用自己想象的方式投入爱，往往付出的一方很累、接收的一方很烦，两败俱伤。且在孩子长大以后，他们也会丧失与你说真话的意愿，他们社会化了、客气了，也不想伤你的心，觉得说真话反而伤感情，干脆算了，隐忍在心里不说，这才是亲子间最大的问题。

传递亲子沟通的"意愿"：从送出一个邀请开始

　　意愿，对所有关系的沟通都是一个关键要素。任何沟通的开展，都始于有无意愿。沟通意愿，既是一种沟通动机，也是一种积极沟通的态度。沟通意愿可以用送出一个邀请来表现。

邀请，是人与人间感情联系的基本单位，它可以是一个提问、一个动作、一个眼神、一个碰触。所有良好的人际关系，都建立在成功的"邀请"，也就是明确表现出沟通的意愿，并鼓励对方接受邀请且乐于进一步分享。

当亲子沟通障碍发生时，父母们往往会采取不同的应对态度和方法，有的当下积极面对，有的选择逃避，或者根本拒绝沟通，彻底关上沟通的大门。许多父母在感觉孩子逐渐与自己疏离时，尽管有强烈的沟通意愿，希望找到问题所在，以自我检讨改进，但是却不知道如何开启沟通之门。此时，最简单的方法就是适时送出一个分享的邀请，主动问问孩子："最近学校怎么样？""今天心情如何？"当他淡淡地敷衍回应你的问题，简答"还好"时，你可以接续他的话题，立刻以另一个提问送出再次的邀请，问他："还好，是比较好，还是也有什么不好的事？"

记得，在孩子与你互动时，随时以一个肯定、专注的眼神，轻轻抚背，拍肩等动作来回应、感谢与鼓励他的分享，或者如果你们从小有拥抱的习惯，你可以抱抱他，用一种最温暖与温柔，打从心底发出的语调，用心对他说句："爸爸妈妈关心你、也爱你！"来传递你最温暖的情意与沟通意愿。无论亲子之间发生再多的摩擦、冲撞、疑惑或怨怒，都还是要回到亲子之爱的本质，千言万语，化作一句："我爱你！"

做父母是一生的学习，和儿女维持美好的关系更是父母一生的愿望。为人父母的我们应该抱持一个信念：和谐的亲子关系绝对是一条值得努力通达的美好道路，即便中途有许多岔路，走走停停间偶尔迷路、走错路都没关系，只要不放弃沟通的意愿，多走几次，终能到达那个美好的关系境界。

在持续的沟通与练习的过程中，你或许需要忍受和包容，自己在关系上与孩子产生暂时性的障碍或是破裂的感觉，但请坚定自己的沟通"意愿"，确定自己有接受批评的肚量，以及面对与处理冲突的能力。

诚恳的沟通，必然能让亲子关系得到修复改善，但如果你继续麻木、不够敏感或漠视孩子的心理感受，不积极解决存在已久的问题，有一天，它可能会变成儿女在其他关系层面中的阻碍，比如学校、职场、友谊、婚姻……关系，所以我们在处理亲子关系时，其实是在为自己的未来和日后孩子的成人生活铺路。

调整好沟通练习前的心态和准备

很多爸妈无法放下做父母的权威感，为了保持自己的掌控力，不愿意和孩子直接沟通，倾听他们的意见和感受，尤其是去询问孩子对自己的看法，而抗拒邀请孩子一起进行亲子沟通的练习。太多父母害怕面对孩子眼中的自己，也担心孩子直接指出自己做父母的不足与缺陷，他们更担心的是孩子说对了，就表示自己做错了，担心如果顺了孩子的心意改变自己，就表示自己输了，孩子赢了！然而事实正好相反。

失去自己生命主控权的孩子，离开家门后，可能会以更强烈的方式来表达他们的抗议和不满，如果你继续不自觉地对他们进行控制与压迫，总有一天，他们会以更强烈的方式和违常的行为，来反抗甚至报复你的控制，如晚归、留级、抽烟、嗑药等，更遗憾的是，有些孩子不堪重负而选择出走甚至轻生，这对父母都是一个惨痛的警讯。而这全都是因为孩子要证明他拥有自己生命的主控权，提醒你休想控制他的人生。

因此，在还可以挽救、来得及阻止孩子极端行为发生时，父母应尽早透过爱的沟通练习，真诚地倾听孩子说说话，让他告诉你，自己有哪些爱的方式令孩子不安痛苦，或快乐开心？并借以自我检讨与改进，这不是最简单的方法吗？何必弄到有天亲子反目，或等儿女酿出大祸才去懊悔呢？

孩子是很诚实的，他们会把自己的真实感受说出来，只要父母的态度是认真与诚恳的。但是亲子沟通练习的前提是，父母心中要做好心理建设与准备，不动怒且能控制自己的情绪，并切实学习培养良好的倾听技巧。事实上，父母需要理解，青少年与父母间缺乏沟通的一个最主要的原因就是，父母不能认可及接受一个事实：孩子要长大，就势必要脱离父母的掌控。而"批判"父母并与他们在个体与主体性上明确"隔离"，本来就是青少年的常态，也是他们自我发展中的自然现象，或者说是孩子要成为他们自己的必要过程。

在亲子沟通练习中，父母可能会面对孩子无情的批评、贬低甚至指控谴责，那必然会让父母当下无所适从与自觉难堪，但仔细想想，对一个成长中的孩子来说，他尽管有再多和父母相处上的摩擦，却又如何可能找到一个比和父母诉说更适合的沟通渠道，去反映自己心中的苦恼、成长的不适，寻求倾听、理解与接纳呢？然而当孩子感觉父母无心、沟通无门时，便会放弃期待，关上心门，另寻偏差的出路，届时父母势必自责懊悔一生！

若能认识这点，做父母的自当花更多心思去珍惜任何可以和孩子沟通、修复关系的机会，即使这样的邀请可能会经过儿女多次的拒绝与挫折，但请记得，孩子长大后，一次深刻的亲子互动与沟通练习会比照料他们的生活还更重要。只要让孩子一点点感觉父母爱他，看见父母始终不放弃为亲子关系的改善而努力，他们终归会受到感动，而接受这个练习邀请。毕竟，当下不做，未来你的亲子关系可能演变成双方无言以对的局面，到时又如何可能达成相互理解与和解？

当父母的应深自提醒，只有当家庭的沟通和温暖多些，孩子才能抵制外在环境中不良因素的制约。父母的爱，的确是孩子抵挡外界五光十色、不当诱惑最有力的盔甲。亲爱的父母，请为亲子沟通做好最坚强的准备，千万不要被孩子的拒绝、排斥、指责或冷漠打败，更不可轻言放弃。做父母的路上，我们只能一路向前，千万别留下太多遗憾！

练习把深藏不露的爱说出来、表现出来！

在我们保守的文化里，许多父母都认为爱孩子是天经地义，也是个人的私事，应该含蓄内敛，而不必形之于外或轻易流露，以免流于形式或轻浮，因此，拙于对亲人表达感情，亲子间不仅欠缺感情活动，情感模式也较为僵化。

没有表达、说出来或做出来的爱，孩子体会不到，毕竟肢体接触是孩子的生命中，对爱最初的体会。因此，在我们的周遭，有太多自觉"缺爱"的孩子。尽管保守的父母也深爱着自己的孩子，但是在人生的第一阶段里，他们的孩子却不曾充分享受过爱的满足，因为孩子从未被父母心中深藏不露的爱感动过，更未感受过被爱包裹着的温暖与安全。

心灵成长课程里，一个女孩泪流满面地分享自己的童年回忆，她说："从小父母就没牵过我的手，一家出门时，他们总是牵着弟弟的手。有回我主动上前牵妈妈的手，妈妈当下一脸不悦和嫌弃地甩开我的手，说'做姐姐的还争！不丢脸？'"记忆中，母亲也没正眼看过她。她说自己努力了一辈子，求取最好的表现，只为了让母亲能多看她一眼。但是无论怎么做，父母永远那样吝惜传递一丝爱的信息。和父母牵手，是她这一生最大的渴望，也是她心中始终没有圆满的缺憾。

　　我也曾遇到过一个从未拥抱过孩子的母亲，很无奈地对我坦承自己的障碍："我怎么能够给孩子自己从来没有得到过的爱？我从小也没被父母拥抱过，又怎么会知道怎么去拥抱自己的孩子？"做父母的，常常都是在成为父母后，才在自己养育儿女的过程中，体悟到本身爱的匮乏。那些在成长过程并未被满足过的爱，在他们心里留下了伤痕，而他们却无力改变这些曾经发生在自己身上的负面教养模式及影响，并且不自觉地将这些自己曾经并不认同与感觉受伤的模式，沿用在儿女身上，重复了父母的错误，让它继续影响到与自己下一代的关系。

　　如果父母的爱能够被说出来、做出来，像阳光那样自然地覆盖着孩子的生命，这份爱便成为孩子一辈子最坚强的支撑与丰盛的资产。我们不得不说，从小被父母拥抱、亲吻，并且听过父母以最温柔的语调说出："妈妈／爸爸爱你！"的孩子，是全世界最幸福的小孩。因为，只有懂得把心中深藏不露的爱表达出来的父母，才能给孩子一个完整的生命，而这份饱足的爱，也会使孩子的一生无所欠缺与畏惧。我一直笃信，在爱中长大的孩子，身上带着光，不管走到哪，那道光都会为他照亮前路，让他信心满满、勇气十足。

　　反观，一个在爱中有所欠缺的孩子，长大后因为缺乏安全感、爱的体验以及自我价值感，总在一段又一段的关系中不断试探与跌倒。他们像在人生汪洋中飘摇的船，找不到安全停靠的港湾，但这一生，他们从未放弃过回家的执念，为的只是等待父母的一个拥抱和一句："我爱你！"

我一直庆幸自己是个沐爱而行的孩子，丰足的爱，是父母送给我最好的礼物。我一生最美好的回忆是，小学至中学，每天放学都要走上一段路回家，可是不管什么时候我都是归心似箭，因为我知道妈妈总会在屋后的小花园外等我，一见到我，她会给我一个大大的拥抱，有时还会亲吻我的脸颊，而爸爸更是一个感情丰沛的男人。我婚后，父母与我同住，这一生，在每个我迟归的夜晚，爸爸都会在客厅开上一盏灯、躺在沙发上为我守门。如今父母都已离世，但无论什么时候，我的心里都有一道光，那是父母终生的陪伴与守候。

父母以言语和行动传递出来的爱，让我终生享用不尽，那些温暖的拥抱、亲吻、守候，宛如生命中恒在最真挚的一道霞光，照亮我生命的每一处幽微。从那时起，我便对人与人间的牵手、拥抱，有着无尽的眷恋，并钟情于和人以拥抱交换温度。而为人母后，我也以同样的亲密模式延续了和儿女间的亲子之爱。

当然，如果你过去从来没有和孩子亲密的习惯，对任何表达亲密的言语或动作势必会觉得别扭、勉强或排斥，并找借口认为，以拥抱来表达亲子之爱很形式，或认为对子女过分亲密毫无界限，容易混淆辈分且有损父母尊严，甚至有讨好孩子的顾虑。然而反过来思考，为人父母，如果我们连爱的形式都无法掌握，形式的爱都无能表现，又如何期待幼小的孩子能够感受那从未说出口或表现出来的精神之爱，并得到爱的满足呢？所以，身为父母当然需要直接开口说爱，把爱说出来，或者用行动表现出来，从很小的时候就建立起这样的情感表达模式，长大以后，亲子间的亲密关系自然会维持下去。只有在饱满与正确的爱中长大的孩子，才会以更多的爱来回馈父母、自己的人生和他人！

事实上，做父母的需要了解，把"爱"隐藏不露的亲子关系，往往是最容易使孩子产生心理问题的环境，因为许多孩子最常表达的心声就是："父母爱我，我却感受不到！"爱，其实并不是一种本能，而需要练习。爱的表达更需要意愿与行动。

练习把爱说出来，也要表现出来，最好的方式，就是直接告诉孩子："我爱你！"并且练习说更多句："我好爱、好爱、好爱你！"孩子小时，你可以亲他、抱他，也可以和他约定属于你们之间特殊的"爱的密码"，长大后，如果孩子对这种亲密动作感觉难为情的话，你何妨改成用写字条的方式传递情意，例如在孩子的书桌上、书包或便当袋里放张纸条写上："妈妈／爸爸爱你！"也或者把亲吻、拥抱改成适时的抚肩、拍拍背、拉拉手的鼓励，也可和孩子并肩一起看看电视节目，或征询孩子的同意，进入他房间和他聊聊生活中的大小事，并以鼓励的眼神或适时赞美的话来表现你的爱，并且继续以你们自己设定的"爱的密码"来传递爱的信息。

　　小时候，我和儿子之间约定了一组"爱的密码"，我在他的手心握三下表示："我爱你！"儿子便会回握四下回应："我也爱你！"儿子长大后，任何时候，当我传递这个"爱的密码"时，儿子无论处在什么样的情绪当下，都会立刻回握，那也成为我们之间最亲密的"爱的暗号"。表达亲子之爱并不难，只要改变认知，听从自己心底的爱，真诚地对孩子说出第一句"我爱你"，并开始练习拥抱孩子，安排亲子独处的时光，或邀请孩子适时做一次爱的沟通练习。趁着独处最放松的时刻和孩子说说话，关心他对亲子之爱的期待、感受和需要，了解你付出的爱是否回应了他们可以接受与想要的爱，许多亲子问题几乎都可以迎刃而解。

　　亲爱的父母，你有多久没对孩子说："我爱你！"或者你从没对孩子这样说过？ 亲子之爱，需要表达、也需要适当的表白，对孩子说句："我爱你！"让孩子直接感受你的情意，而无须猜测揣摩你的心意。父母给孩子再好的礼物、再优渥的生活享受、再丰富的物质资源，对孩子来说，都比不上一句关怀的话，一个充满爱的抚触，来得更宝贵。

沟通的实践训练：和孩子一起学习两情相悦的爱

　　沟通的实践训练是每个父母都必须与子女共同学习与练习

的课题。我们一生学习与完成许多功课，但却很少被教导过如何有效地沟通、如何正确地表达爱，因为这是一个无法独立完成，而需要与对象一起练习与完成的课题。因此，我们可以将亲子沟通视作一种在亲密关系中共同完成的"沟通的实践训练"。

爱，不是本能，它需要透过练习、不断进步。因此爸妈可以在孩子还小的时候，就安排一些与孩子独处的机会，一起进行亲密的沟通练习。透过问答形式的互动与倾听来了解与确认孩子对爱的需求与期待，是否与你付出和表达爱的方式契合。以下几个问题，是爸妈可以尝试的提问。练习前请记得，要调整好自己的心态，做好心理的准备。

观念应用练习（1）

◎ Step 1.

你准备好面对孩子的真实感受了吗？ 首先问问孩子："你感觉到妈妈／爸爸对你的爱吗？"或者"你觉得爸爸／妈妈爱你吗？""你对妈妈／爸爸的爱有什么样的感受？""爸妈怎么做或做什么事，会让你感觉到我们很爱你？""我们的爱让你感觉压迫或自在吗？"当然，孩子在听到这么直接的问题，当下可能一时不知该如何反应，尤其是青少年阶段的孩子，此时孩子可能没有回应、拒绝回答、有所犹豫，或者迂回地回应："你们有爱我吗？"甚至直接否决："我可没有感觉你们爱我。"

或者做出更为激烈，但其实是回避的回应，像："你有病啊，忽然问这么奇怪的问题！"

这些回应可能都超乎了你的想象或期待，让你感到难堪、不舒服、不愉快，但这其实传递了一个讯息，孩子对你已丧失了亲密对话的意愿和兴趣，也可能暗示孩子在爱的体会上和你自觉的付出存在着落差，以致不愿直接面对你的提问。但无论如何，这其中必然透露了很多值得父母追踪的线索。

小提醒：

无论孩子给出什么样的反应，父母都需要冷静以对，决不要当场批评孩子的回应或动怒，而要展现真诚的开放与接纳。父母可以试着这样说；"现在我明白你的感受和看法了，你愿意也听听我的感受和说法吗？""我感觉你对我的说法和看法似乎并不完整或正确，你愿意让我分享或说明一下我的感觉吗？"提出这样恳切的要求，孩子通常就会愿意倾听，但如果孩子反应强烈，不愿继续沟通的话，你可以进一步以"同理心"的态度说："我明白你很气我，但是在听了你的看法之后，你却不愿听听我的感觉，对我是不是公平呢？"请记得，千万不要当场动怒，那不仅会毁了你进行这个练习的美意，也会使你们亲子的关系恶化，整个情况变得更糟。

做这个练习前，父母必须相信与了解，这是亲子沟通必经的过程，即便孩子暂且感受不到或误解你付出的爱，但至少他开口说了，而你也理解了他的想法，就有了可据以修正的方向，这才是进行练习最重要的目的和收获。

总之，如果孩子给你正面的回答"是"，表示他对父母的爱是感到满足的。但是，让孩子感到满足的爱，与你认知的付出的爱就是一致的吗？这倒也未必，因此无论孩子回答"是"或"否"，爸妈都得进入 step2 的对话。

◎ Step 2.

如果孩子给了你否定的回答，爸妈仍然可以立刻询问他："为什么觉得妈妈／爸爸不爱你？""妈妈／爸爸怎么做？做什么，会让你感觉被爱？"他们可能会给你具体答案："妈妈都很少在假日带我们出去玩！""爸妈永远都很忙，每天都在玩手机！""爸爸从来没参加过我的家长会"等等回复。这些问题得趁孩子年纪还小，愿意与爸妈沟通时尽早开口问。你会惊讶，其实孩子的心思很细腻，他们要的不多，只要理解他们的想法，给予正确的回应和改善，最后大都能变成正向的亲子关系。

我自己的例子，有一天我问女儿："你每天放学走路回家会不会很辛苦？"结果她一脸委屈地对我说："你才知道啊，你不能接我下课，同学的爸爸看我可怜，都会送我一程。"当下听到她的哀怨，我突然发现了她的情感需求。接她放学的事我本来不以为意，认为是件小事，但是女儿却很在意。所以从那天起，无论多忙，我都尽量接她上下学，一直到高中毕业都没改变过，为什么？ 因为我倾听了她的需求与期待，我确定这是自己可以做到，并乐意为她做到的事，而我更希望用她觉得被爱的方式来爱她！

观念应用练习（2）

在结束上一题后，紧接着，你可以进一步发问："你从什么地方感觉妈妈／爸爸爱你？""妈妈／爸爸做什么样的事，会让你觉得被爱、很开心？"如果孩子无法确切回应，父母不妨以一些平日亲子互动的情节来进行一个对话的引导，回想自己在生活中是用哪些方式来表达对孩子的爱和关心，比如提示他们："妈妈／爸爸每天接你上下学，你觉得高兴吗？""妈妈／爸爸周末都有陪你出去玩，你满意吗？""你认为妈妈／爸爸下班后陪你做功课、一起睡觉、讲故事给你听，那是不是爱你呢？"

当然，你可以沿着这样的脉络继续问："你觉得妈妈／爸爸还可以做什么，让你感觉到更多的爱？"当然，对于青少年期的儿女，你也可以反向发问，比如直接问他们："你觉得爸爸／妈妈爱你的方式，你可以接受吗？""你喜欢或接受爸妈爱你的方式吗？""爸妈有没有做了什么，让你感觉不舒服、不适应或无法忍受的事？""爸妈还可以做什么？ 或者怎么做来表达我们的爱？"这些直接的发问，不过是要传达父母的

心意和努力，告诉儿女，自己其实是在意能否成为更好的父母。对于青少年期的孩子，父母如果能放下身段直接告诉他们："我们需要你的帮忙，做更好的父母！"孩子通常是不会断然拒绝的。

当然，在练习中，孩子可能会给出各种超出你预期的回答，你都必须认真看待，因为那都是孩子最真诚的想法，它们会让你注意到自己从未注意过的细节，发觉原来孩子对爱的要求，与自己想象中的付出，还有哪些契合或落差可予改善之处。

父母如何积极引导孩子面对
与理解家庭变故？

　　亲子沟通中最困难的事，就是如何引导孩子面对与理解家庭变故。有些家长因故离异，却难以和孩子启齿，他们深受社会对离婚先入为主的意识影响，认为父母离异是对孩子最大的危害，所以不想让孩子提早知道事实，因此，在事件发生的当下保持沉默，隐忍心中真实的感受，表面看来若无其事，心中却深藏负面情绪，独自隐忍悲伤。

　　父母这种逃避问题的态度或干脆刻意忽视问题的心态，反而让孩子无所适从，只能被动接受与适应变故的发生，这不仅会引发孩子内心的不安，也会让他遭受的创伤加剧，让他们对未来生活的改变更加感到茫然恐惧。

　　父母离异的确会给子女带来一定的影响，但是影响的大小与伤害程度，还是在家长本身处理事件的当下，如何和孩子沟通，以及看待处理事件的角度和态度。然而，这往往也是在面临变故的当下，离婚的家长双方都最难顾到的困境。因为在问题发生的当下，父母本身其实都处于情绪冲击、自身难保的阶段，往往无心无力也无暇顾及教育孩子的任务。因此，如何调整好自己的情绪和心态，对生活的改变预作准备，并正确引导孩子的心理反应，是夫妻处理离异事件时必要的学习。以下提出几个原则，希望帮助需要处理家庭变故的父母，得到一些启发。

从沟通的角度出发，父母在处理离婚事件时，首要的原则就是，将事件的真相告诉孩子，千万不要隐瞒。事实上，孩子是极其敏感的，父母之间的失和不可能瞒过他们的眼。他们能如实地反映与侦测父母之间的情感变化与疏离，而孩子对父母的离异其实也会有自己的解读和看法，所以事件发生时，对孩子揭露事实和解释说明是非常重要的。孩子真正需要的就是父母将事情明白地"说"清楚。这样做，不仅可以让孩子感觉自己是主动参与家庭事件的一分子，而非只是被"决定"者，也让孩子有机会表达自己的感受、疑惑和看法。至于该选择在什么时候、什么情境下告诉孩子这一个家庭变故的事实，还是要考量孩子的年龄、个性、情感的成熟度来决定。

离婚的家长要调整好正确心态，接受自己的选择，而不是继续陷在仇愤、矛盾、自责、自怜或罪恶感中，逃避甚至刻意漠视问题。父母可以正面思考的是：与其被绊在一个终日争吵不休，已然"失去意义的婚姻"里，不如平和地结束一段不美好的关系。"处理好的离婚"，比"冲突不断的婚姻"对孩子的伤害更小。事实上，在面对父母离异时，孩子最大的困扰常在于，不能理解和接受自己最爱的双亲，彼此之间水火不容的事实。父母无法相亲相爱地共处，对孩子造成的困扰，往往比父母离异本身带来的困扰更大。目睹自己最爱的爸妈之间时时争战不停，他们之间长期经历的痛苦、伤害、矛盾、冲突，必然会给孩子带来更大的心理冲击、精神折磨和负面影响。

其次，千万不要在此时以激烈不当的言语或行为刺激孩子的心。离婚的当下，父母请切记不要当孩子的面，彼此抨击对方要为离异负责，并且把夫妻间的感情是非拿出来，要孩子评理选边，为难孩子已经受伤的心，也不要在孩子心中灌输偏见，使孩子对父母的一方产生不信任、敌意和仇视，进而丧失尊重、信任和安全感，并产生被离弃的自我价值的失落。

尤其注意不要以"卸责"的言语刺激孩子，来宣泄自己心中的悲愤不平，比如对孩子抱怨："以后带着你们两个拖油瓶，还能做什么？我还能有什么未来？""要不是被你拖累，我也不会那么惨！"这些话语，对遭遇家庭变故的孩子，无异落井下石，也会在孩子的心里埋下一生的罪恶感，让孩子感觉自己应为父母的失和负责，而对自己的存在产生负担与不安，这样的感觉将终生折磨着孩子脆弱的精神世界。

此时，父母反而更要正面应对，让孩子明白，爸妈即使无法做好夫妻，还是会尽力做孩子的好父母，离婚并不会改变父母双方对他们的爱，而离婚后孩子也依然可以探视父母任一方，也可以与父母同时团聚。请相信，作为独自抚养孩子的单亲爸妈，你仍然可以为孩子创造一个幸福美好的成长空间！

再者，离婚的单亲父母双方都需要帮助孩子，对家庭变故建立正确的认知和态度。引导他们了解，家庭的破裂，是生命的意外，有时无法避免，而家庭幸福的关键，并不在家中有父有母的结构完整，表面结构完整，并不等同幸福生活的保证，借由适当的解释，让孩子理解父母不得不离异的苦衷、了解生活的不可预测，明白不断变化的生活过程中，难免有意愿之外的事故发生，最重要的是让孩子意识到，父母离异不是世界末日，才能真正减少孩子内心的不安。

大人感情关系的纷纷扰扰，的确很难对孩子说明白，如果没有处理好，小孩也会担心。对比较年长的孩子，你可以尝试解释，婚姻关系亦如生命中所有其他关系，都值得努力，但未必最终都可以磨合或合适成为生命伴侣。这就如同一般交友过程，往往也需要在深入交往后，才知道彼此是否可以发展为挚友。任何关系都无法强求，所有关系建立的起始和结束都必须被尊重，让孩子了解关系的本质，和正确处理关系的态度，认识任何关系的维护都是需要双方的意愿、努力和共识才能达成。

总之，家庭突然缺员，势必会给孩子的生活带来一些改变和适应上的困难。作为家庭成员之一，孩子有权利知道父母离异后的生活会有什么不同、可能发生的困难和可预见的问题，负责抚养小孩的任何一方，都有责任告诉孩子未来单亲生活可能的变化，帮助他们做好心理准备。.

　　而父母们也需要理解，在适应变故的过程中，孩子即使有抵触的情绪和反常的行为，也是必然。父母要耐心地帮助他们适应、接受，这需要足够的勇气、耐心和智慧，但请相信你的陪伴，必然能够帮助孩子渡过难关。在婚变发生时，单亲爸妈自己也需要展现出更大的乐观，引导孩子用积极态度看待变故对成长带来的意义，只有父母对生活展现出不变的信心和决心，才能帮助孩子面对现实，降低离婚对孩子心理带来的危害，也是对孩子最宝贵的教育。

　　亲爱的父母，孩子其实并不像我们想象的那样脆弱、不堪一击。请不要轻忽了他们的坚强和智慧。他们有颗尚未蒙尘、清明的心，那正是我们缺失已久的资产。

　　2010 年，我遭逢丧母之痛。在惊闻母亲患癌的当下，我有顿失依靠的惶恐，觉得天塌下来了，我对女儿泣诉痛不欲生的哀伤时，女儿将我紧紧拥在怀中，以最温暖的语调轻轻抚拍着我的背，对我说："妈妈，你不要这么难过，每个人都是有生就有死啊！姥姥她没什么遗憾了，因为你们三个女儿都对她这么孝顺，她这一生其实是很满足、很开心的！"女儿智慧的话语，抚慰了我当下无以为继的伤痛，提点了我，接受生命的无常便是常、了无遗憾即是生命的终极价值。她的拥抱，给了我莫大的支撑，让我有勇气面对生命的变故，她的坚强，也帮

助我渡过了生命的最低潮。

　　亲爱的父母，请不要在家庭发生变故的当下，将孩子拒于门外。和孩子同心，一起走过生命变故的过程，你们才会拥有最紧密的亲子之爱！

是什么阻碍了我们和孩子沟通

 ### 是什么阻碍了亲子间的倾听？

不管事实上做父母的你是多么关心子女，我们往往都可以从亲子冲突的对话中，发现孩子的反应的确显示着他们认为"你没有在听他们说话"。在家庭里，造成父母倾听最大的威胁有三：僵化的角色、不变的期盼、顺从的压力。

以下我们简单说明。

僵化的角色

父母居高临下发号施令、随时说教、讲大道理，即使错也不究的这种"不对等"与"不平等"的亲子交流，是孩子心中最大的不满。许多孩子和我聊天时问我："为什么父母永远都是对的？""他们为什么就不能有一分钟停止说教？从有个人样到有点模样通通都得管，不厌其烦地念经说教？"我无言以对。做父母的其实必须自己想明白一点，你的权威如果仅仅是靠高压控制和地位来决定，就会给人一种强迫感。而青少年最不能接受的事就是被强迫。作为家长，我们一样可以尊重孩子，而不失权威，让孩子更愿意靠近你。请记得，我们要的是孩子的合作，而不是服从。

不变的期盼

适度的期望能激励孩子，但父母常常没有学会改变自己对儿女的期望，来适应孩子的成长与变化。做父母的总是认为自己为孩子所做的一切都是出于爱、为他们好，对孩子有着从小不变的期望，然而不论是过高或过低的期望，都会让孩子产生压力，无法安心。比如父母长期不看好孩子，也从不给予鼓励、赞美，常会让孩子产生一种被否定的自卑和不被信任的感觉，长大后，始终无法摆脱"我不行、我不配"的自我观感，进而逐渐丧失自信和价值感，一生无法自然地面对自己和父母；反之，从小就对孩子有过高的期望，也会给孩子造成极大的内心压力，甚至让他们丧失自我的想法与方向感，为了不让父母失望，这样的孩子始终不敢松懈，也不敢将自己的心声说出来，一旦到了青春期，更可能会产生叛逆心理并和父母逐渐疏离。

顺从的压力

孩子从小即被灌输孝顺、听话、乖巧的核心价值与角色模式。年幼时都是听从父母的指示安排，但逐渐长大后，父母往往忽视孩子自主的需求，也不能面对他们长大后必然要与父母抽离分开的需要，仍然强势压制孩子，强迫或威胁他们顺从。由于父母是生活的照顾者，又是家庭资源的分配者，掌握了孩子所需的生活资源，在经济尚无法自立的情况下，孩子只能暂时容忍地依附、顺从父母一途。但是当父母越强势控制，没有弹性，孩子越可能点燃白热化的冲突，反对父母的一切，久而久之，亲子间完全不相干的情况便会出现，甚至决裂。父母吹毛求疵、要求子女事事顺从，无异于用汽油来救火，让事情一发不可收拾！

沟通的实践训练：检视威胁自己倾听的话语

请爸妈们检视一下自己在家庭中，是不是也犯了"僵化角色""不变期盼"和"顺从压力"三个威胁亲子沟通的问题。

观念应用练习（1）：亲子间僵化的角色

以下三个案例皆是犯了"亲子间僵化的角色"错误，请身为父母的你们，回想自己是否对孩子这么说过，又或者曾经说了什么类似的话，将它们记下来，提醒自己不可再犯。

案例一："这就是你的错，我们早就跟你说了，你就是不听！"

案例二："你不要给我顶嘴，我说什么，你就给我好好听着！"

案例三："你不用再多说了，你脑子里打什么主意，我们会不知道吗？"

观念应用练习（2）：亲子间不变的期盼

以下三个案例皆是犯了"亲子间不变的期盼"错误，请身为父母的你们，回想你是否对孩子这么说过，又或者曾经说了什么类似的话，将它们记下来，作为日后倾听时告诫自己不可再犯的提醒。

案例一："我们只问你这次考试成绩为什么退步好几名，你不用跟我们扯其他有的没的！你就是没有好好读，不然应该表现得更好！"

案例二："这都是你的问题，你把哪件事做好过？你只

要别再给我们惹麻烦就好了！"

案例三："你这么聪明，只要你想做，再努力认真一点，你一定做得到！"

观念应用练习（3）：亲子间顺从的压力

以下三个案例皆是犯了"亲子间顺从的压力"错误，请身为父母的你们，回想是否对孩子这么说过，又或者曾经说了什么类似的话，将它们记下来，做为日后倾听时告诫自己不可再犯的提醒。

案例一："我们不勉强你，但你最好照我们的话去做，否则出事别来找我们！"

案例二："你最好照我们的意思做，否则以后别想我们继续支持你！"

案例三：" 爸妈供你读书，生活也没缺你什么，你为什么就是那么不懂事、不听话，你就不能多体谅一点我们的苦心吗？"

理清影响倾听质量的"界限"

父母在和孩子沟通时最常犯的两个错误,都牵涉到"界限"模糊的问题,首先,是理清在倾听过程中,认可孩子的感受,不等于允许他们的行为;其次,则是父母在沟通过程中,也必须区别亲子和朋友的身份。理清必要的界限是沟通的前提,若是弄不清楚这两个界限,就无法真正达成沟通的目的。

理清界限:认可孩子的感受,
不等于允许他们的行为

父母在沟通过程中首先需要理清的第一个界限是:当你在听孩子说话时,"倾听他的心声／认同他的感受",和"同意他的选择或行为",两者之间是有明确差别的。也就是说,亲子沟通中,做父母的在倾听孩子说话时,尊重与允许他们表达感受，和允许同意他们去做自己想做的是两回事。一个明智的家长应该要能分辨这两者的区别。

当你跟孩子说："你该关掉计算机了！"孩子回应："我今天在学校很累，还想再玩一下！"他是在表达一种感受，也是做一个要求。你可以认可他的感受：就是他很累，但你必须知道自己是家里做主的人，作为家长，你必须切实让家庭成员遵守正常作息的规定，虽然你可以理解或明白他正在做一件有趣的事，可能一时舍不得放弃的感受和想法，但你却不可因此出现不一致性的情况，放弃你的原则和规定，同意孩子拖延关机的要求。

事实上，父母很容易把"宽容""纵容"混为一谈，并将纵容当成对孩子的接纳理解，且混淆了民主与尊重的界分，让自己对孩子的倾听陷入一种没有原则或没有规则的状态。父母应当尊重孩子有表达自己不同感受与意见的权力，但家庭决策却绝对不是经过民主程序，取得孩子多数或一致同意后所订立的，所以父母必须清楚自己是站在主控的地位为孩子订立规则。因此"界限"这个概念，可以帮助父母理清倾听孩子说话的原则，提升倾听的质量，因为"在说出你自己的想法前，你需要先认可对方所说的感受"。这点我们之后会再细谈。

在说出自己的规定前，父母如果能先认可孩子所说的感受，他们通常就不会那么生气反弹，也更容易接受你的要求。设想，自己与其强迫打压地回应他："我才不管你累不累，你就是给我关机！"不如回应："我知道你很累，但妈妈还是要请你遵守规定的上网时间。"如此，才不会让孩子感觉父母高压管束与强烈干涉他们的生活、不知体谅，也听不进去他们的任何感受和想法。但有时父母误把纵容当成对孩子的宽容或谅解，并将严厉与谅解二分，一念之仁地回应孩子："好吧，那就早点关机，不要拖太久了。"这种缺乏一致性的做法，反而会让小孩困惑，谁是家中"老大"？ 并察觉到父母其实并没有一致的原则与坚持，也让孩子找到投机的缝隙。

允许孩子表达自己所想的，并不等于允许他们去做自己想做的。做父母的需要明白与切实做到"我不同意孩子的做法，但我绝对尊重与维护孩子有表达感受和意见的权力"。如果没有理清这两者间的差别，便会影响亲子间相互倾听的质量。

亲爱的父母，请切记，在说出你自己的要求前，请先认可孩子所说的感受。但是听他们的心声与意见，并不等同于允许他的行为与选择。只有当你能够摆脱自己急于主控的焦虑，先倾听孩子的感受时，他才会更乐于遵从你的规定与指示。

理清界限：别模糊辈分的界限，区别亲子和朋友的身份

另一个在倾听孩子时也需要理清的界限就是"辈分"。我

们的身边有不少父母用心地尝试成为孩子的朋友，认为那样才可以让孩子喜欢自己，也更能得到孩子的认同，这个观念存在若干迷思，若执行不当，往往会混淆了父母与朋友的身份，且模糊了亲子间辈分的界限。

父母希望成为孩子的朋友，做个让他们认同也较亲近的酷爸爸、俏妈妈，并接受孩子的所作所为，但实际上孩子却未必有和父母成为朋友的需求。当父母把"跟孩子做朋友"视为经营亲子关系的一个目标时，往往很容易忽略了父母的教养之责与主控权，以及身教的功能，并误导孩子大小、长幼不分的辈分行为模式，让孩子无所适从。

事实上，在两代间清楚的界限就是让父母以"主控"的姿态来主持一个家庭。父母为孩子提供的除了生活照料和精神的满足外，更重要的是身教，并给孩子观念教导、品德指引、设定生活规范和行为规则，这些都不是一般朋友能够为孩子做到的。

父母不是不能或不该和孩子玩在一起、打成一片，事实上，这些都是父母的生活乐趣与快乐时光。可是，父母与朋友相处的模式跟和自己的孩子互动的做法，绝对大相径庭。父母不应该给孩子他们是同侪或双方"平等"的印象，而必须确立自己是"大人"角色，因为孩子也需要依靠适当的辈分、界限与规则，才能与父母无误地进行圆满的角色互动。

倾听和分享孩子的生活细节与心事，是每个父母都渴望的事。让孩子随时愿意接近你，像接近一个朋友那样没有距离、顾虑和负担、感觉很安全，表示你的亲子沟通管道畅通，更代表孩子对你的信任，但这并不表示孩子可以无视辈分界限，任意对你做出一些行为，比如像打断你和他人的对话，或者以一些粗鲁不雅的用语来和你对话，甚至使用不适当、没礼貌的动作来互动，当然也不代表他可以口无遮拦地跟你说话，而不会被纠正或受到惩罚。

现今许多父母误认了"开明"的定义，以为开明的父母就是做孩子的朋友，平等的相处并认同接受他们的行为标准及互动模式，不愿意或其实是不想因为订定规则得罪孩子，以为替孩子订定规则会伤感情，殊不知这样毫无规则的情况，可能造成放任孩子的严重后果，因此爸妈一定要给孩子明确可执行的规范与规定，否则，孩子不但不会认为你是在跟他做朋友而感谢你，反而会认为你完全不在意与漠视他们的生活。

事先把亲子辈分的界限理清，把规定讲清楚，可以减少误解和磨擦。假设你家里有处于青少年期的孩子，你最好有一份包括孩子在内共同协商的家规，并明确写下违反家规须承担的后果。事实上，孩子们对有秩序、有确切规范可依循的生活反而会觉得更简单、有确定感。因为当孩子犯规时，他们就知道自己必须接受惩罚，你反而可以避免和他正面冲突。

"跟孩子做朋友"的立意绝不是让爸妈模糊辈分界限，不去替孩子订定规则和执行规定，而是建议不懂得倾听、不会经

营亲子对话的父母调整心态，学习用相互尊重的态度，允许孩子有自己的"声音"，并且在与孩子切身相关，对他们有影响的事情上，鼓励爸妈学着跟孩子做朋友，尊重他们的想法并且让他们拥有自己的选择。只是，在做朋友的概念上，父母需要理清"倾听孩子的声音"和"放任他们的选择"之间的差别。有些决定可以让孩子做，但遇到影响孩子福祉与观念的选择时，便是父母的责任，此时父母仍然必须用一种清楚、直接的讯息来执行规定，且要贯彻到底。

理清辈分的界限是父母的责任，容许辈分间的界限被侵蚀的父母，已不再是家中主控的成人，而是孩子的同辈或玩伴，他们既不会用权威去执行应有的界限，也无法承诺保证会在孩子需要时，去安慰或保护孩子。

因此，亲爱的父母们，在经营亲子关系时，请注意"辈分"的界限，善用这种权威，为孩子订下明确的规范，同时引领他们自我探索，别只是一厢情愿或一味地强求跟孩子做朋友，结果却忽略了亲子间"辈分"的界限与意义。请记得，在关键时刻，孩子永远会需要一个值得信赖与睿智的父母来指导与引领，这不是单单一个平辈身份的朋友所能做到的。

倾听时要以"同理心"
给予回应而非"同情心"

　　父母总会遇到不知如何安慰儿女而纠结的时刻，这时候，你需要充分了解"同情心"和"同理心"倾听与回应的差别，才能给儿女恰到好处的安慰。倾听中的同理心（Empathy）与同情心（Sympathy）有很大的差别，虽然两者在中文里只是一字之差，却会产生完全不同的沟通效果。

什么是同理心？

　　同理心是以一种开放的态度，去倾听与了解对方真正经历到的感受，而不是替他决定"应该"有什么感受。换句话说，就是忘掉自己的立场、角度和看法，进入到对方的想法和感觉中，去了解"他人"有什么感受，站在当事人的角度去看事情，

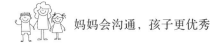

并接受与尊重他的感受。比如当孩子深陷痛苦时，发挥同理心的父母，会与他站在一起，体会他的那份痛苦，告诉孩子："我懂得这个滋味不好受！""你的立场我了解""你的感受我能体会""你的想法我明白了"。

同理心的父母能够将心比心，接受儿女的情绪与感受，虽然那样做并没有办法直接帮助孩子情绪复原，但是在面对艰难时刻，父母总希望能让孩子的心情好过些，所以，当孩子向你倾吐难过的心事时，他们宁可你对他们说："我不知道这时候能说些什么，但我很感谢你愿意给我倾听的机会。我也希望你知道，我一直和你在一起。"用同理心做支持性倾听的父母能接受孩子的讯息、认同他的情感并鼓励他的表现。

比如孩子回家很高兴地和你说："妈，我今天数学考全班最高分！"此时你回复："哇，太棒了。我看见你这次考试前真的花了很多时间准备，继续加油，你行的！"小孩立刻觉得自己被听到、肯定和欣赏了，可能不需要再多说，就会因受到鼓舞而更投入学习；但如果此时你的回答是："是啊！那可真是……少见，但是……"或者"偶尔拿高分不错，但是，重要的是能不能继续保持高分！"那个"但是……"就已经把前面的"是啊！"意义给否定了，这就不是同理心的回应了。

什么是同情心？

同情心和同理心不一样，同情心是一种情绪，是"我"去替对方决定他应该有什么感受，而不是去了解对方的那个感受，换句话说，同情心考虑的是，如果我是他，遇到他经历的事情，"我"会有什么感受，而不在意或接受对方真正的感受，其典型表现是否定对方的感受，比如当父母以同情心来倾听孩子时会如此回应："情况没你说的那么糟啦！"而为了"让对方好过一点"，同情心的父母也会采用他们自认为正面的角度来试图减轻孩子的痛苦，以其他自认有效的方式安慰他。例如面对一位工作面试多次都没通过的孩子，他们可能会说："至少你还有过面试的机会啊！"这句"至少……"开头的句子，往往让孩子觉得父母是高高在上隔着距离看自己的困境，而没有站在自己的角度来理解自己当下的沮丧感受和心情。

综上所述，我们可以简单地说，同理心是把自己想象成他人，同情心是把他人想象成自己。

错把同情心当同理心，效果大不同

在碰到非常重大的事件，儿女向我们倾诉他的痛苦时，我们第一时间通常会想"淡化"他的处境，但这其实也不是同理心倾听该有的表现，因为他此时需要的是同理心，而不是同情心。如果你仍然不能理解这两者的差别。我们就用"淡化"处境的倾听方法再举一例。

比如当我们看见孩子深陷在痛苦处境时，很难不情绪激动，而急切地想表示自己明白他的感受，此时我们很容易把一些情绪搞混，我们会想尽说法来安慰他，例如以下情境：

孩子："幼儿园里和我关系最好的小朋友最近不怎么和我一起玩了，我心里好难受……"

父母的可能回应一：

"我完全明白你的感受，我小时候也经历过同样的事……"

此时你觉得是在理解与支持孩子，但事实上，你是在把谈话焦点转向自己，并没有同理心，忽略了孩子正在经历的感受。

父母的可能回应二：

"宝贝，会不会是因为你和她之间有了点小误会，妈妈觉得你需要和她聊一聊。"

这种说法表面看来好像是提供了一个理性的观点：提醒孩子可能是有误会，但这并非"将心比心"的同理心倾听。这对于正在受苦的孩子来说，就等于漠视与不承认他正经历的苦难。

父母的可能回应三：

"往好的方向想，这也是你认识其他小朋友的契机。"

父母说这句话本来是想淡化事情的严重性，但听在孩子的心里，反而觉得父母是在落井下石，有种豁然松了口气，甚至庆幸的解脱感。

以上这些安慰的话语，在日常亲子互动中都很平常与普遍，表面听起来，他们好像都显示父母的感同身受，也有些"道理"，但事实却不然，因为同理心的倾听，正是不需要也不应该是讲道理，而只需要用心，将心比心，去了解和感受孩子的心情与情感才对。

我们都知道，无论父母怎么做，他们的初衷都是希望自己的话语能够安慰到儿女，帮助他们渡过难关，但正因为此时此刻不论父母说什么，都无法减轻孩子的痛苦，唯一能抚慰对方的，只有亲子一起面对难关的诚意，所以我们反而应该坦承："我无法想象你现在的心情，但我很安慰、也谢谢你跟我分享这件事。"这样做的效果会更好。

父母的可能回应四：

"向前看，无论如何你还有很长的未来，将来回头看，这一切其实没有那么严重，也不算什么！"

当父母说这句话时，不但没有安慰的效果反而因欠缺同理心的回应，拉大了亲子的距离。父母不但居高临下地以自己大人的视角和人生经验来说教，也否定了孩子眼前遭遇的伤痛，并暗示他们并没有承受痛苦的能力和宏观的眼界。同情心和同理心，动机和行为完全不同，最终结果当然也天差地远。当你具备同情心时，会对儿女的处境感到同情和理解，但那是一种站在自己的角度、和对方有距离的情感共鸣；而同理心，则是

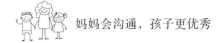

站在儿女的角度去理解接受他的感受。所以同情心，让你失去和儿女紧密的联系，而同理心，则激发了你们之间更亲密的联结。

就算你过去的做法并不全然正确，也不要觉得懊恼，因为一直以来，你可能就是那样被教导长大的，且无论你安慰孩子的方法正确与否，都是出于爱护的心理，只是你并不了解那些回应其实是错误的倾听与回应方式。从现在起学习以"同理心"去倾听孩子的心声，站在孩子的角度去理解他的感受，也让孩子对你的信任感多提升一点。

有同情心的父母选择情绪消除
有同理心的父母运用情绪指导

现在，就让我们进一步来了解同情心与同理心的倾听究竟有什么差别。在安慰儿女时，什么才是正确有效的做法？ 你该怎么坦然自若地借由同理心倾听和儿女在关键时刻建立起更亲密地联结？心理学家约翰·戈特曼（John Gottan）将人们安慰他人的方式分为两种，一种叫作情绪消除，另一种叫作情绪指导。以下我们将简单说明。

情绪消除

采取情绪消除模式的父母，会透过各种转移注意力的方式，让孩子忘记遇到的挫折与愤怒。对他们而言，孩子的负面情绪感受都是不当的情感反应，无论是生气、悲伤或恐惧等。所以他们会想出各种说法帮孩子消除这些负面情绪，像以下的说法："别担心，同学或许没这个意思，不要想多了""没关系，失败了就再来一次""不要泄气，想开点，多往正面想，事情也没那么糟"。

为了让孩子好过一点，这类的父母以"同情心"为出发点，往往以自己的感觉为导向，采用自认为正面的角度来试图减轻孩子的痛苦，比如以"至少……"开头的句子安慰他。再举例来说，当孩子（脸上显露出难过的表情）告诉你："我的研究所考试又没通过……我已经连续考了两年了，还是不行……"刹那间，仿佛整个世界都黯淡下来，而你当下试图安抚他的情绪回应："别难过了啦，这也没什么，反正你试过了，至少你的经验越来越丰富了呀！"此时孩子怒气冲天地对你咆哮："你不懂啦！你根本就不知道我的挫折，说得一派轻松、事不关己的样子！你知不知道我现在的心情啊？"这表示孩子早已厌倦了父母这种不着边际的安慰方式，于是他的情绪终于爆发了。不被了解的感受，让他的内心感到孤寂、受伤与空虚，但此时父母必然也感到一股无奈和无力，自己的一番好意不仅被儿女视为敷衍了事，还惹来一肚子怨气。

又或许有些在倾听时选择情绪消除的父母会说出："哎，别伤心了，别哭了，哭能解决什么问题？往好处想想吧！"这样的说法其实反而会让孩子觉得父母想传递的意思是："我不想在这时候听你说这些，自个儿到一边去难过吧！"再举一例，当孩子告诉你他在学校受到霸凌时，你会如何回应他呢？"别害怕，下次你强悍一点，他们就不敢再欺负你！""这些孩子太没教养，下次碰到这种事，你一定要立刻去报告老师，让老师知道，交给老师处理就好了。""不要那么沮丧，这种事既然已经发生，你自己坚强点，事情就不会那么糟。"

在孩子脆弱或受到莫大委屈时，父母给予的回应，并不一定会让他感觉比较好，甚至有可能让他感觉更受伤或更差，因为你采取了错误的方式来回应他。当你说："交给老师处理就好了！"或"你强悍一点""你自己坚强点"的时候，孩子的感觉是连自己受欺负时父母也帮不了自己，不仅把问题推给老师，甚至怪罪自己性格不够强悍和坚强，这种回应让孩子感觉向父母诉说与分享心事也无用而感觉沮丧且顿失依靠。

情绪指导

而情绪指导的父母，在遇到上述事情时，则会把孩子的沮丧、悲伤、恐惧，当作是一种和孩子建立联结的机会，帮助他们了解自己的一些感受。比如在听见孩子受到霸凌时，会因为孩子被欺负，而放下一切专心地去了解他到底发生了什么事情，并接受与理解他的感受、想法与原因，然后和他站在一起，商议可能的处理方法，正面回应他的感受，这就是一种情绪指导的作为，也就是以"同理心"来解决孩子的问题。

举例来说，有同理心的父母遇到儿女处于低潮时（比如在班上被孤立），看见孩子把自己关在屋里，不愿见人，感觉天塌下来、再也活不下去了，必然会感同身受，告诉他："我想你心情一定很低落，但我希望你知道自己并不孤单。爸爸／妈妈愿意听你谈谈心里的感受"或者，当孩子很难把复杂的心情说出来时，你会鼓励他："这很难解释，是不是？""这件事让你觉得很困扰，是吗？"在有同理心的父母面前，孩子更能发觉与表达自己的想法，而不需要去抗拒或服从父母期待他们应有的感受，因为他们确信父母能够将心比心地理解他的想法。

相反地，同一情境下，若是父母以同情的角度来看待孩子的处境，跟着他一起陷入当下的低潮，反而会不知该如何安慰他，除了同样感伤地表达你对他的同情，说句："抱歉，事情怎么会这样呢？我也很难过。"让亲子双方在当下一起感到痛苦外，更糟的是你还可能会说："喔！太可怜了，同学怎么可以这样对你，真是太可恶了！"或尝试说一些空泛的话来转移孩子的注意力，不去认可孩子的难受心情，岔开话题说："那你要不要请几天假，休息一下，或许会好过一点？"装作好像什么都没发生，忽视孩子当下的情绪与感受；又或者提醒他正面思考："开心点，不要想那么多，一切都会过去的，至少这件事让你知道人际相处很重要。"但是"正面思考"对处于情绪低谷、欲振乏力的人，有时候也是一种压力。当身边的人心情不好的时候，我们都太习惯说些让对方"开心点、不要想那么多、多想也没用"的话，但这真的会有效果吗？当我们将心比心地想想后，应该不难理解，它确实没什么实质的帮助。

有同理心的父母，不会强迫孩子沟通

无论你采取前面所说的"情绪消除"还是"情绪指导"的策略去回应、安慰孩子，其实无非都是希望能够帮助儿女好过一些。但情绪指导往往比情绪消除有着更好的效果，差别就在"同理心"这个元素。特里萨·怀斯曼（Teresa Wiseman）的研究指出同理心的四个很重要的成分是：接受对方的观点、不加评论、看出他人的情绪和尝试与对方沟通交流。

其中"接受观点"的意思是，接受别人的观点是他们所认知到的事实。这不涉及对错，或者谁的观点比较合理，而是彼此所处的立场与角度差异。因此你需要了解当对方处于负面情绪时，就算你自认观点比较合理，说出来也并不会使情况因此变得比较好。

至于不加评论，我们会在之后的章节做更详细的说明。当一个人处于负面情绪时，他需要的不是父母的指示与建议，而是一个懂得同理心倾听、理解我们、站在我们身边支持与陪伴，让我们更有力量走下去的至亲而已。所以身为父母的我们要切记，除非是孩子主动表示需要你的建议，否则请不要给予建议，此刻的儿女宁愿父母对他们说的一句话是："虽然我不知道现在该说些什么，但我很谢谢你愿意和我分享的这份信任。"因为事实是，无论你如何回应、说什么，都无法减轻对方的痛苦，也未必能让事情好转，而真正能抚慰对方的是亲子一起面对难关的那份情意与亲密的联结。所以，即使你真的有很好的想法，也请尊重孩子，先征询他们需要与否。

在同理心的倾听状况下，也请父母不要对孩子施压，在孩子不想被打扰的情况下强迫他分享，当孩子跟你说要自己静一静时，你就让他去吧！不要在此时强迫他说出理由，对他说："我现在就要知道你发生了什么事？"或者指责他："你这是什么拒绝的态度，我关心你，你还摆脸色给我看？"孩子也许需要一点时间振作起来，对事情有些思考和冷静的时间，因此不要在他拒绝开口时，强迫他说话，给他适当的情绪自由空间，让他决定是否以及何时愿意表达分享。这也是同理心沟通的核心精神之一。

最后，有同理心的倾听，还要做到"不给孩子指示与建议"的原则。除非他邀请你提供想法或建议，否则有时建议不成或

不当，反而造成反效果。对父母而言，同理心最大的困难就是让孩子做他们自己，有他们自己的需要、感受和期望。只有当父母能够学习搁置自己的成见、主见、评断、需求时，才能真正做到同理心、将心比心的倾听与回应。

沟通的实践训练：你分得清楚同理心和同情心的差异吗

以下提供的练习，可以帮助父母去分辨案例中的倾听回应，是出自于"同理心"还是"同情心"，并能理解两者间的差别。

观念应用练习（1）

当孩子对你说"好友的爸爸昨天检查发现得了癌症！"时，你该怎么回复，才符合"同理心倾听"的原则呢？

A："哇，怎么会突然生这么大的病，实在太可怜了！"

B："啊，这实在是个太大的打击，我想你朋友和他的家人现在的心情一定很难过。我们能帮他做什么吗？"

观念应用练习（2）

当孩子对你说"我不晓得自己毕业以后要做什么，没有方向感，让我每天都有压迫感！"时，你该怎么回复，才符合"同理心倾听"的原则呢？

A："你不要想那么多，越想会越烦，先毕业再说，把心思用在顺利毕业比较重要，以后的事以后再想。"

B："你很担心毕业后的就业问题，我知道你正在为将来能不能找到理想工作而烦恼的心情！"

观念应用练习（3）

当孩子对你说"我每天都担心书念不完，考不上大学，将来该怎么办？"时，你该怎么回复，才符合"同理心倾听"的原则呢？

A："你担心书可能会念不完，考不上好大学，所以现在的心情很焦虑、紧张，但是我想你已经很尽力了对吗？"

B："你不要想那么多，念就是了，担心有什么用，只是浪费时间。"

正确答案

观念应用练习1：B

观念应用练习2：B

观念应用练习3：A

沟通从倾听孩子的内心世界开始

用"心"倾听孩子的心声， 别让对话变成独白！

你"听到"孩子说话了吗？

如果你注意过父母与子女的沟通，你会发现到，很多父母几乎是不听孩子说话的。举例来说，你是否常听到以下这样的冲突对话？

孩子对父母大声抗议：

"你们到底有没有听到我说的话？"

"为什么你们从来不懂我在说什么？"

"你们根本就不想听我说话！ 你们从来没花时间好好听我说过一次话！"

"凭什么所有事都要听你们的？"

父母冷淡无辜地回应：

"可是，我们都在听啊！"

　　"你以为自己是谁？ 长大了，就有资格对我们这么说话？"

　　"你别再说了，这就是结论！"

　　"事情就这么决定，没什么好说的了！"

　　"凭我们是你的父母，我说了算！"

　　"我们忙成这样，哪有时间和心情听你说那些鸡毛蒜皮的小事！"

　　这样的亲子互动，流于各说各话，毫无交集，就像两方的独白。一方是孩子对父母的质疑和批判，另一方则是父母权威受到挑战后的反击与否定。

　　亲爱的父母，儿女的心事，没有哪件是鸡毛蒜皮的"小事"。他们的世界很小，他所经历的一切在他来看，都是最大、大到过不去的事，所谓父母眼中的小事，其实都是孩子心里的大事！ 所以当孩子向你们展开那扇心门时，请不要用成人的眼光批评他的观点幼稚、愚蠢，多话烦人，也不要以父母的权威否决他们说话的权利，更不要拿大人的视野嫌他们诉说的只是芝麻绿豆大的琐事而拒绝倾听，当你一旦对孩子关上"倾听"的门扉，那扇门或许就再也不会对你打开！ 倾听，是父母给孩子的一种最温暖与温柔的对待，也是父母送给孩子的一份爱的资产！

被倾听的需要是一种本能：
不被倾听对孩子有什么影响？

每个孩子都需要表达，而且需要被听见，去感受自己被了解、接受与尊重。即使幼儿，也有着同样的需要，当他们觉得沟通无效，父母没有好好听自己说话时，也会直接愤怒地抗议："妈妈／爸爸，你都不听我说话，我讨厌你！""我再也不喜欢你了！""我不要再爱你了！"甚至大声嚷嚷："我恨你！"事实上，从孩子一出生，父母就开始倾听，从注意婴儿的啼哭来听他们的生理需求，到幼儿期听他们耍性子、闹脾气来回应他们的心情，长大后更需要用心倾听他们的情绪，并对他们的感受做出反应。

尤其是青少年阶段的孩子，他们有着更多成长与心理的需求。成长，对他们而言是一段心灵的流离失所，让他们的内心焦虑不安、脆弱敏感，他们对自己身体和心理的变化感到不适与忧惧，对即将进入青春期也有着一股茫然无措、不知如何是好的心理。青少年的内心有一股酝酿中逐渐加剧的风暴，但是，做父母的懂得如何倾听他内心的风暴吗？

用心倾听孩子，比用责骂或批评的方式更能成为孩子的支柱。被可信赖的父母倾听的孩子们拥有一种"被接受、理解和有价值"的自我肯定感受，因此，他们拥有更高的自我尊重以及人际沟通的自信。当孩子获得被倾听的满足时，会因被父母认同接受而获得强大的心理能量，这些能量会转化成一种能让孩子"想要有所成长""希望成为一个更好的自己"的动机与正向力量，而这些都是孩子一生所仰赖的行动力、实践力以及在遭遇挫折时的续航力。父母若是懂得以"正确的倾听态度"来理解孩子的情绪、感受和需要，孩子自然就会有想和父母分享的意愿，而且会因为父母的理解支持，生活更有动力、主动积极，更勇于面对困难，独立自主处理自己的事情、解决问题。

相对的，从小被拒绝倾听，对孩子可说是一种沉默、不公平、缺乏反应的对待，它不仅会让孩子泄气、伤了孩子的心，更形同一种精神的虐待，让孩子永远封闭在自我关注中，而无法与周遭的世界及他人建立联系感。缺乏父母的倾听理解与关注，使他们较易产生不安全和焦虑感，缺乏自信和自我，往往也会较缺乏同理心和自我尊重，长大后较自我中心，有时会刻意引人注意，若未被满足，这种需求慢慢滋长后，也可能产生情绪突然爆发的危害，或者反向操作，刻意退缩、沉寂和隐藏起来，以保护内心的脆弱和希望表达自己声音的渴望，继而切断与他人的沟通，失去改善人际关系的动机。许多状况在这类孩子成年后，可能会以其他不明显的方式慢慢浮现，影响他们日后的关系模式与发展，尤其是亲密关系。

所以，父母若能在孩子幼年就建立相互倾听分享的沟通模式与习惯，让倾听成为家庭的文化，满足孩子渴望被了解与追求独立自主成长的需求，就能帮他们建立一个坚强与安全、自

信且有价值的自我。协助孩子了解"他是谁"并"成为他自己"的最好的方法，就是"倾听他们"。

倾听效率的自我评估

这里有一份有效倾听的自我评估表，若爸妈们不晓得自己是不是个称职的倾听者，可以先试着根据以下20个问题做勾选，最后按每题不同的计分标准来算出总分并据以评量自己的倾听效率。

题号	题目	总是	经常	有时	从来没有
1	我会故意不听反对我的人说话				
2	我会停止听对方说话，因为我知道他下面要说什么				
3	我会倾听别人说话，即使我不感兴趣				
4	我会重复一遍别人说的话				
5	我会注意听对方说话，即使他的想法跟我不一样				
6	我会弄清楚听不懂的新词汇意思				
7	我懂得听重点				
8	我对别人说的话会马上有不同论点				
9	我会假装注意听，其实并不感兴趣				
10	我会一边听对方说话，一边做白日梦				

11	我会注视着说话的人				
12	我会分心在看说话者的衣着				
13	我会只听我感兴趣的部分				
14	我知道自己的情绪什么时候会受到一些话的影响				
15	我会对别人试图激怒我的话保持冷静				
16	我会屏蔽外界干扰，专注倾听讯息				
17	我只倾听而不加批评				
18	我会感受到对方的感觉				
19	我会用心想对方说这句话的意思				
20	我会站在对方的立场去看他想表达的观点				

本表格参考 William D. Brooks/Robert W. Heath (1993) . Speech Communication(7th Ed.).(pp.108−109) USA：Wm. C.Brown Communications, Inc.

题号	计分标准			
	总是	经常	有时	从来没有
1	1	2	3	4
2	1	2	3	4
3	4	3	2	1
4	4	3	2	1
5	4	3	2	1
6	4	3	2	1
7	4	3	2	1
8	1	2	3	4
9	1	2	3	4
10	1	2	3	4

11	4	3	2	1
12	1	2	3	4
13	1	2	3	4
14	4	3	2	1
15	4	3	2	1
16	4	3	2	1
17	4	3	2	1
18	4	3	2	1
19	4	3	2	1
20	4	3	2	1

总分	20~47 分	48~55 分	56~63 分	64~71 分	72~80 分
倾听效率	低	平	好	佳	优

　　算出你的有效倾听分数了吗？ 总分越高，表示你是个越有效的倾听者，总分越低则代表你在倾听技巧上还有改善的空间。没关系，本书后面的内容会详细说明哪些因素会阻碍你的倾听，你可能犯了哪些无效倾听的错误以及正确倾听的步骤、策略等，帮助你学习如何成为一个更好的倾听者，重新联结你与孩子间的亲子关系。

倾听不是本能，它需要学习与练习

　　倾听是一种艺术，一种技术，但它更是一种意愿。做父母的，需要有强烈的动机，愿意与孩子相互倾听，理解、接纳、尊重他的差异性、特殊性，并以一种开放与包容的态度进入孩子的世界，进行心与心之间的对话与探索。它是追求与改善亲子沟通质量的一种努力，从自我觉察中看见阻碍自己倾听的最大威胁是什么，并努力化解这些威胁和阻碍。

　　"倾听"是最好的亲子沟通方法，它不仅是影响亲子关系质量的要素，也是联系亲子间亲密感的秘诀所在。然而很多人误解了倾听的意义，以为倾听（Listening）只是一种本能的生理行为，如英文的听觉（Hearing）或听力，那只是"耳闻"而已。事实上，从"听"这个中文字即可看出，正确有效的倾听还涉及多个层面的努力，它与眼睛、耳朵和心部都有关联，而非单纯以耳闻或是生理上去接受讯息而已。

倾听，并不是某些父母特有的天赋，也不是一个人的本能，它是一种需要透过学习与不断练习获得的能力。因此，决定权操之在己。有时父母不花时间和儿女单独相处，并不单只是因为忙，而是担心自己倾听的质量不理想，不懂得如何有效地倾听与回应，反而可能产生反效果从而影响关系。因此倾听的关键前提是：你愿意倾听，懂得如何倾听吗？只要你愿意倾听，愿意学习如何倾听，你就会拥有维系亲子关系的能力。从现在开始学习成为一个懂得有效倾听的父母，是做父母的最需要与重要的自我教育。

你是不是常犯"无效倾听"的错呢？

以下两个情境例子，皆有两种不同的父母回应方式，你可以比较看看它们的不同，并想想在如此回应后，孩子会做出什么反应？

例一

孩子身体发胖，受同学嘲讽时，你会怎么安慰心情低落的他？

回应一："哎呀，不用担心这么多啦！同学说说就算了，别那么在意！"

"开心点,别想太多了,反正就努力瘦下来,难过也没用！"

回应二:"你觉得很糟,是不是?"

"我知道你的感觉一定很难受吧！ 我理解这件事对你的影响！"

例二

和同学产生摩擦,在人际相处上受挫折的孩子告诉你,他觉得自己很无力,交不到知心的朋友,甚至想休学……你的回应是?

回应一:"你怎么这么没出息啊? 就为这点小事,你也太没用啦！"

"你也该常和同学交际一下,好好培养感情啊……"

回应二:"你觉得同学很难沟通……是吗?"

"你真正担心或觉得困难的是什么呢?"

以上是两类常见的亲子对话模式:回应一的父母急着表达自身对儿女的判断、看法和意见,把自己当成孩子高高在上的导师,于是出现"我说你听"的主导性对话,但实际上他们回应的说辞,对孩子而言既不受用,也让他们感觉更难受,因为父母表现出"同情",却没有"同理"他的情绪,甚至否定与批评他们的感受。

回应二的父母则是透过认可儿女的感受，引导他们说出自己内心的想法，做到"你说我听"的接受与理解，这就是一种"将心比心"的倾听。

从上面的两个案例中我们可以发现，倾听的重要性谁都知道，不过你真的有把孩子的话"听进去"吗？多数父母可能都并未注意过自己的一些不良倾听习惯，但如果我们用心检视自己的倾听行为，便可以发现自己偶尔都会发生的一些缺失，也就是技术犯规行为。比如说，在倾听过程中假装倾听、打断孩子说话、打岔、抢话，听完之后，妄加批评、大肆说教、讲道理，这些都是最常发生的"无效倾听"的典型问题。其实孩子要的，无非只是你能"用心听"他说的话，然而，父母在听孩子说话时，往往是充耳不闻，完全没把孩子的话"听进去"。以下就是"没听进去"的几种倾听类型。

无效倾听的典型一：假倾听

倾听最重要的关键就是用"心"，也就是心无旁骛地"专心"投入听孩子说话。亲子互动中，忙碌的父母，有时因为工作疲累、情绪不平稳或有心事而无法专心倾听孩子说话，慢慢养成假倾听的习惯，而常以"嗯、嗯、啊啊，这样哦！是吗？"听而不闻的假反馈来敷衍小孩的话语，他们虽然眼神注视着孩子，甚至还带着微笑且不时点头，但思绪却早已神游四方，表面看来有所回应，事实上根本没把孩子的话听进去。

日常生活中，我们可以自我检视一下，当孩子对你努力表达想法时，你是否能专注地倾听他，还是只随便回应几句："嗯、嗯"就了事。想想，当你正在忙家事时，孩子对你说："妈妈／爸爸，你看老师今天给我的作文评语，超棒的！"结果你连头也没抬、毫无眼神接触地回应："哇，这样呀！"这种敷衍的态度会让孩子感觉父母对他说的事根本没有兴趣，继续说下去也只是自讨没趣；又比如孩子和你商量："妈／爸，我想参加热舞社。"他实际是在征询你的同意，但假倾听的你可能完全没在意，而给他一个无动于衷的反应："是啊！"甚至一个完全离题的回应："你等下想吃什么？"这代表你根本没在听孩子说话。一旦你佯装倾听的回应被孩子识破，露出马脚，孩子会觉得你对他的事根本漠不关心，而立刻怒颜相向，甚至当场拂袖而去！

事实上，无论你如何佯装，假倾听不可避免地都在你的面部表情、手势、姿态上表现出来，连幼儿都能看出母亲的假倾听行为，而要求母亲的专注。记得孩子小时候，有次我边做事边和儿子说话，当他发现我完全没有注视他的时候，就立刻用小手把我的脸转往他的方向，然后向我抗议："妈妈，你看着我，你都没有在听我说话！"

此外，父母对儿女专注的倾听，不仅要听到孩子话语本身

的内容，还要能观其动作，接收到他的肢体语言，听懂他的言外之意、弦外之音，甚至了解他没说出口的隐含感受和需要。举例来说，当孩子遇见伤心的事，眼角泛泪地说："妈，别为我担心，我真的没什么，没事！"你仍然会读到他真正压抑悲伤的心情。所以在我们和孩子互动时，光是耐心对待和听懂他的字面意义并不足够，还必须真心地觉得他的事与自身有关，切实做到将所有的关注、意识都集中在孩子和他所说的事物上。那段时间，我只为倾听他而存在，那是一种全心全意对孩子的陪伴与关注。

无效倾听的典型二：独霸沟通（Monopolizing）

在倾听过程中，父母常常习惯打断孩子的谈话、随时打岔抢话，或者质疑孩子的观点，剥夺孩子充分且完整表达的机会，让孩子感觉自己的不受重视，父母根本不关心自己的真正想法和感受，这就是一种独霸沟通的倾听行为，也是倾听中常发生"没听进去"的第二种类型。

◎急于回应，打断孩子的谈话，就是一种独霸沟通

独霸沟通是对孩子的不尊重，这种状况的发生多是因为父母在倾听的过程中先想象了孩子会说什么，并且不等他说完，就自认已经明白他的问题，并且迫不及待地以居高临下的态度，给孩子回答，但这样的回应有时难免是冲动、不完全，甚至不

符合其需求的，而即使父母提供的是明智的建议，还是会让孩子觉得不受尊重，因为无法把心里想讲的话说完，不能彻底表达心里所想，是一件让孩子很受挫的事。孩子会觉得父母"只听自己想听的话""只对自己想知道的事情感到关心"。举例来说，当孩子提到他最近热衷篮球时，你立刻打断他并回应："不用说这个了，花那么多时间打球，太浪费时间，说说今天学校发生了什么事吧！"这并不是在享受和孩子对话的乐趣，而只是在对他的生活状况进行例行的"确认"或者说"掌控"，久而久之，孩子会感觉"我的事微不足道"，父母并不关心，因而慢慢失去分享的意愿和兴趣。

倾听很重要的一个态度就是"放下自己"。有时父母无法避免因急于控制而产生的焦虑感，害怕自己若是没有先发制人的动作，会在孩子面前丧失权威，以致在对话过程中一心忙着准备自己要回答的话，而没法好好倾听孩子说话。在有效的倾听中，我们不该在对方没有说完话之前就开始准备自己要回答的话，因为只有当我们仔细倾听对方完整的谈话，并确定自己充分理解对方的意思时，我们的回复才会更为适切、恰当。

很多时候，父母打断孩子的谈话，并急于给出的回应或建议其实都只是"自以为是"的想法，听在孩子的心里，不过又是在"说教"和讲大道理，而这种主导控制的行为，且"好为人师"的心理，也让孩子徒生反感。因此，不要急着表达你的意见，或是过早给予建议。而要先去了解对方的想法与需求，才能真正有效又快速地掌握孩子说话的重点。

在倾听的过程中，父母们要学习"放下自己"，才是一种诚恳且纯正倾听的态度。只有放下自己预存的偏见、主导控制、操纵的欲望或任何意图，将所有的关注、意识都集中在孩子所说的事物上，专注地倾听时，我们才会拥有开放的心，让自己受到触动、感动，这是一种复合的态度，在付出的同时，我们也会有所得。所以父母们请记得，不要构思你想回答的话，放下自己，在回应前先做到专心倾听就好。

◎打岔、任意变更孩子的话题，就是一种独霸沟通

当孩子对你说："学校最近功课好重，我快受不了了！"你回应："我最近的工作也是忙得头昏眼花。"这段对话中，你根本没把孩子的话听进耳里，而且自顾自地将话题岔开，根本没在意孩子说什么话，所以当然也不会去理解孩子的焦虑和感受。当下，孩子感受到的讯息就是："解决你自己的问题，别来烦我了，我自己也已经够烦了！"孩子的心顿时便冷了半截，甚至可能当场抗议："你到底有没有听到我说的话啊？我在说我快累死了啦！"

再举个例子，亲子谈话过程中，父母常将话题转移到自己身上。比如孩子说："出了iPhone×了，很酷！但很贵要一万元。同学的爸爸给他买了一个。"家长回应："用这么贵的手机有什么了不起？又不是自己赚钱买的，你把精力都放在和别人比手机有什么意义？真是虚荣肤浅。"接着，父母

还可能进一步将话题转移到自己的身上："我们那个时代，不要说手机，你爸爸小学时就没穿过一双鞋，也没用过手机，还不是一样考第一名？"

在这个对话里，你觉得孩子会有什么感受？很多时候，家长都习惯用自己的价值信念来评判孩子的想法和感受，姑且不论从现实理性上来说，买这么贵的手机给孩子的做法是否合适，但是当你如此回应孩子时，他的感受会如何呢？孩子不过是谈论别人拥有的一只新款手机，就被莫名其妙地训斥了一顿，让他谈话的兴头一下就被浇冷了，感觉既无奈又无趣，以后他还会想和你分享同学的动态吗？

在孩子和你说话时，请不要转移话题，你需要关注的是倾听孩子当下关注的话题和感受，而不是先批评他的感受，再转移话题到诉说你过去生活的苦境。即使你想和他分享的你个人的一些生活体验或故事，也应以分享的角度而不作相互比较和评价，更不要借此进行机会教育，以自己的经验训斥孩子要懂得节俭、感恩。

◎总是对孩子的观点泼冷水，就是一种独霸沟通

父母有时会依据自己的观点、经历或价值观去质疑孩子所说的话。明明是在听孩子说话，却总是在孩子说话说到一半时，开始像抢答似的急于对孩子的回应说教，例如："我觉得你那样做是不对的！你应该要……"甚至以质疑的角度去压低孩子的地位和判断，如"这只是你自己的看法吧？""你怎么能

这么确定？""别人和你有同样的想法吗？"来确立他们自己
的主控与导师地位。这时父母的角色再也不是"听孩子说话"，
而是变成"对孩子说话"，甚至是训话。如果孩子一开口说话，
就立刻遭到批评责怪，容易让他觉得反正自己的任何想法都被
否定，说下去也没意义而停止分享。事实上，孩子表达的多是
个人的真实看法与感受，但父母追根究底的态度，却显示他们
对孩子自身看法与感受的质疑、不接受和不愿理解，让孩子心
里感觉不被尊重，影响日后他开诚布公和你分享的意愿。

父母自我意识过强，怀有成见或强烈的主观意识，而不去
注意孩子的感受，不论是打断孩子谈话、打岔变更孩子的谈话
路线和转移注意力的插话，甚至质疑、不支持与挑战孩子的感
受，都是独霸沟通类型中的负面倾听行为，也是造成亲子沟通
的障碍。

无效倾听的典型三：对孩子说教，妄加评论与价值判断

"不说教批评，先理解孩子的所有情绪、感受和看法"是
正确倾听的重要原则。在倾听孩子说话时，父母必须先把自己
放下，包含自己的想法、意见、判断等都抛在脑后，以毫无预
设立场的状态去听孩子说话，而没有判断、控制、操纵的欲望
与任何意图，那是一种把孩子放在自己之前的真诚态度。

然而在倾听过程中，父母往往对儿女的话语和行为反应太

快，当他的话才刚一出口，你马上就开始妄加评论与价值判断，让他反感，反而又给他另外增了一个对抗你、不服你的理由。比如当孩子沮丧地对你说："我的数学很吃力，老师教的我总是听不懂。"你不由分说地就进入了"训话"的倾听模式，回应："是你没有好好用心听吧，上课时如果都有专心听讲，怎么可能都听不懂？"或者，当考试成绩不理想的孩子和你表达挫败的心情时，你的回应是："这又不是世界末日，不就是一个考试，哪有那么严重！"这两个例子中，父母的出发点虽然都是安慰，但也透露了父母对孩子的努力、能力、受挫力不足的怀疑，成不了大事的失望，即便是安慰，但那恨铁不成钢的心情往往让倾听得到反效果。

在和孩子说话且想要帮助他时，最重要的原则就是避免评论性的回应，避免主观直觉判断，尤其不做价值判断，也就是不对孩子的感受、话语、想法等进行主观的臆测，表示同意或不同意，甚至批评或指示，尤其是在谈话一开始时特别要注意，否则很容易让互动还未开始，便不欢而散。切记不要用"好、坏、比较、评断、指导"的角度来评论或评价孩子的话，那不但会让孩子无法自在地表现自己最真实的一面，也会成为有效倾听的最大阻碍。

另外，也不要用自己的价值观去评断孩子。比如孩子对你说："妈妈／爸爸，我朋友的爸妈最近在闹离婚，他心情不好，最近都常常逃课。"你是否会直觉地回答："小孩的问题很多也很麻烦，他们的家务事，你管不了，别受他影响，管好你自己的功课！"本来也许孩子只是想告诉你，他比较担心朋友的状况，但是你不仅对他朋友妄加评论且做出毫无同理心的回应，直接堵住了孩子与你继续分享的欲望。

此时如果你换种方式回应："你听起来有点担心他，是吗？"，或者"你同学一定挺伤心的，但总是逃课也不是办法，我们可以做点什么事帮助他吗？"孩子会从你身上学习到同理心倾听的温暖与释放心事后的安心！

无效倾听的典型四：防御性倾听、让沟通出现反效果

与孩子说话的时候，父母常会因失控发怒而口不择言，对孩子严厉批评或直接以谴责甚至攻击性的话语，激起孩子的防御性回应。举个例子，母亲在孩子违反门禁时间回家时对他吼叫："你都几岁的人了，还需要我每天盯着你吗？天天晚回家，你什么时候才能长大，学会做个负责的人？"气不过时，结尾处还会再补上一枪："你要是不想回家，就不用回家了！"此时孩子立刻进入防御性回应："不回家就不回家，有什么了不起，谁稀罕！"当场离家出走。

但是想一想，晚回家和长不大、不懂负责未必有关，孩子可能有特殊的理由，母亲在第一时间并未让他说明就破口大骂，何况孩子并不是如母亲说的"天天"或常常如此。此时，大声

吼叫指责，绝不会有更好的沟通效果，母亲的怒吼和指责不但暴露了自己容易失控的情绪模式，也违规任意使用负面的攻击性语言，以致引起孩子防御，让沟通失控。这时候母亲若能够就事论事，以描述性语言用"描述事实与感受"的方式对他说："你晚回家，妈妈很担心，怕你出了什么事，你如果可以先打通电话回来，妈妈就会放心了。记得，下次先打通电话回来，别让妈妈担心，好吗？"此时，孩子多半都会抱歉地回应："妈妈，对不起，学校临时有事……我忘了先跟你说一声，下次我会记得先打电话。"

再者，有些父母在对儿女表现心急失望之余，甚至会做出落井下石的攻击性回应，如："考试快到了，你就只知道天天睡觉，还有什么前途！""你真是没办法吃苦，这么没用，怎么会是我生的小孩！""除了吃喝玩乐，你还会做什么？"这些话只会让孩子更加沮丧，而产生反效果。其实任何人被评论、指责后，心理的防御机制都会本能地启动，并以更激烈的话语来反击："没出息，也是你生的！""那也是你的错，是你没把我教好！"或者"考试到了，也是我自己的事，不用你管！"孩子甚至可能反过来教育爸妈："你好好说话，平静下来，可以吗？我真是受不了你说话的方式"。父母如果以对待小孩子的权威态度和指责谩骂来与已进入青春期的孩子说话，自然就会挑起青少年的消极不满情绪，而孩子有时猛烈又粗鲁的反应，就是他们在强烈抗拒父母待自己像个羞愧又没价值的人。

其实家长生气的时候才是向孩子展示情感控制范例的最佳时机。如果你能做到不提高声调，平静与客观地描述事实和表达自己的感受，说出你对孩子的要求或期待，孩子自会在你身上学习到正面的示范。即使当时孩子并没有给你立即或你所期望的反馈，他们也会记得：第一，我们可以不用大吼大叫来表达自己的愤怒和不同意见以及处理亲子冲突，孩子以后也会尝试以这样平和的方式来表达自己的负面情绪或看法；第二，孩子会了解到即使他犯了错，也不会受到自己承受不了的指责谩骂，父母还是尊重他，愿意给他机会解释和改正，这也是孩子对于健康的亲密关系很重要的一种确认。

以上这些错误的防御性倾听模式和案例，大家听起来是不是觉得有点耳熟？检视你的倾听行为便不难发现，犯规行为比比皆是，还有极大改进的空间。

如何当个正确的倾听者
——谨守支持性倾听的六原则

亲子沟通中的倾听，不只是在了解儿女话语内容的意思，更在表达父母对他们的精神支持，这就是支持性倾听，也就是"同理心"的倾听。当我们聆听儿女的生活烦恼、课业困难，或帮他们解决一些问题时，我们主要的目标都是在表达爱与支

持，并维持亲子间的亲密关系。所以，学会支持性倾听，也是
亲子沟通中重要的一课。

支持性倾听的原则一：不封锁

不要替孩子封锁或定义他的情绪，决定他该有什么反应。
以下这个情境就是父母在孩子说话时，封锁并定义他情绪的负
面示范。

孩子："我决定和 ××× 绝交！"

父母："你怎么会这么冲动啊？"

孩子不以为然地回应："我哪有冲动啊，我只是对他很
失望！"

支持性倾听的原则二：不否定

不要否定孩子的情绪，承认与接受孩子有表达任何情绪的
权利。以下这个情境就是父母在孩子说话时否定他情绪的负面
示范。

孩子："我考砸了！（掉泪）"

父母："你真的很爱哭啊！考砸就考砸了，已经发生了，
哭有什么用！"

"这不过是小事一件，碰上了就只有面对接受啊！有什

么好伤心的？"当你否定孩子的感受时，这也是一种说教，更是替孩子的情绪火上加油的行为。

支持性倾听的原则三：不批评

不要对孩子所说的话语妄加批评。以下这个情境就是父母在孩子说话时妄加批评的负面示范。

孩子："同学骗了我，我觉得很伤心！"

父母："这样的同学还值得交往吗？趁早断绝往来，省得以后费心，交几个像样的朋友吧！"

"别那么在意，以后交朋友要好好看清楚，自己多注意点，用点心思！"

在完全不知情的状况下如此回应，不仅批评孩子交友的素质、质疑他的判断能力，同时也让孩子心里更加难受。

支持性倾听的原则四：不要挟

不要对孩子情绪勒索，让孩子感觉父母的爱是一种策略性的条件交换或交易。以下这个情境就是父母在孩子说话时要挟孩子的负面示范。

孩子："不管你们怎么说，我都要跟这个人继续交往！"

父母："如果你这样做，从此就不要再当我是你妈／爸，我也不当你是我的女儿了！这个家没有你也一样过得下去！"

"没关系，你选择跟了他，就不要再回来啦！我们辛苦养大的女儿就是这样回报我们的！"

父母祭出底线的要挟，或许得逞，让父母达到目的，但这种情绪勒索的行为，势必会为亲子关系带来难以弥补的伤害。

支持性倾听的原则五：不武断

不要使用武断的字眼去指责孩子，也不要拿孩子的过去来对比他现在的表现。以下这个情境就是父母在孩子说话时使用武断字眼的负面示范：

孩子："我决定这学期好好拼一下报考研究所，也希望你们支持我！"

父母："大家都是先服完兵役后再考研究所，我'确定'这样做比较合适！"

像"绝对是""我确定""大家都这样""一定会"……这种武断的字眼容易引起孩子的防御心理，并进而反击，提高冲突的可能性。

支持性倾听的原则六：不指示／建议

为人父母，请不要使用"我希望你……我要你……""我

不希望你……我不想看到你……"的话语，也别在回应里搬出一些老生常谈的大道理或直接给孩子行为指示，告诉他："你应该……必须……"甚至唱衰似的预言他的未来："要是你这么做，就会……""你要是不怎么……将来有一天就一定会……"如此一来，孩子才能安心且坦诚地对你说出心里的话。

　　支持性的倾听，是不会站在自己的角度，轻易给对方指示与建议的。除非对方表示需要你提供想法或建议，否则很可能建议不成或不当，而造成反效果。家长们常犯的错误就是过分理性，无意识地运用自己良好的判断给孩子下指导棋，比如孩子说："妈妈／爸爸，我今天考试时状态不好，英文没考好。"父母会回答："考试就要早点准备，多背几次，也要放轻松，这次考坏没关系，下次再赢回来。"表面上父母的回答没有问题，也是想要安慰孩子，但却忽略了孩子传达信息的目的。孩子不需要你告诉他如何准备下次考试，他需要的是你了解他心里对表现失常的感受。想要继续和孩子对话，可以先确认一下孩子的感想，比如："那你今天肯定有些难过失望吧？"而不是急着提醒他注意事项和给建议。其他例子如，当孩子说："考试快到了，我好紧张，夜里都睡不好，上课时精神很差。"作为父母的你可能会说："没什么好紧张的，周末和同学出去玩玩就会好多了。"此时孩子可能反而会生气地回应："你在说什么啊？我哪还有时间玩，马上就要考试了！"孩子会认为父母既不了解且忽略他的心情感受，给了他不实际与不受用的建议又像是在说空泛敷衍的风凉话而感到生气。

　　亲爱的父母，上述的案例呈现了有效倾听的障碍其实是显而易见的。如果我们能掌握这些阻碍因素，并自我检视与练习，将有助防范这些障碍的发生，改善倾听的效果。

如何当个正确的倾听者
——学会有效倾听的四步骤

　　我们生来有两只耳朵，却只有一张嘴，就是为了"少说多听"。对亲子沟通而言，这个提示尤其重要。倾听孩子使父母不至于和孩子的时代和观念脱节，也能更深入地了解他们的生活，知道他们和什么人交往，好朋友是谁，好友的名字，家庭状况，各自的个性、爱好等。借由有效地倾听，父母不仅可以及时发现孩子的问题，了解他们在日常生活中情绪和情感的变化等等，也使孩子得到情绪抒发的机会，减少他们在家庭以外的地方寻求不当慰藉发泄的可能性。所以做父母最需要学习的一件事就是：少引导、多跟随，多听少说。这些道理听来简单，但真正做到的父母并不多。在亲子沟通过程中，我们常常把较多的时间和精力花在对儿女说话上，甚至把"说话"，当成是说教，忽略了"听"和"说"是一体两面。亲子间只有能够正确与有效地倾听彼此说话，听到对方真正的心声，才会知道

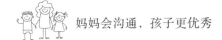

如何相互对话，有同理心地回应对方的感受与期待。所以在亲子沟通中，比好好说话更重要与困难的，是好好倾听。

要达到有效倾听，父母必须从自己的看法中跳出来，专注于倾听儿女的谈话，站在他们的角度、立场看事情。除非我们能确定自己了解他们的观点和意思，否则便无法诚恳地回应他们。在倾听孩子的过程中，遇到没听懂的地方，只需要去重复他的话，来确认与澄清他的意思，而不要去想主导和控制谈话，更不必担心自己没有时时回话。所以父母更需要学习的是如何让自己保持专注、积极与完整的倾听，练习发问而非打断、插嘴，并借由以下"重述语意、澄清内容、澄清感受、鼓励发言"四个了解他人看法的倾听步骤，来强化自己正确倾听的能力。

有效倾听的步骤一：重述语意

正确的倾听，从确认与澄清对方的"字面意义"开始。不是以"我"听到什么为主，而是要确认"你"说了什么为重点。重述语意的技巧就是在听完孩子的话之后，把你从对方听到的讯息，用自己的话重说一遍，但不加进任何自己的评语，来反映并确认自己确实听到对方的话，同时借此使自己更专心聆听。但请注意，重述语意并不是像鹦鹉学舌一样照说一遍，举例来说，孩子对你说："每天上学真烦！"你首先需要确认自己听懂了他的字面意思。所以你可以用自己的话复述："你是说你不喜欢上学？还是讨厌上学？"

　　如果他确实是此意，他会表示同意，但如果不是，他会澄清他的感觉："不，我是觉得上学没什么用。"再举一例，孩子说："每天留校上晚自习真令我抓狂！"但是抓狂有很多种解释，所以你需要进一步确认他的意思："所以你觉得留校上晚自习很烦，是吗？"或者"你觉得留校上晚自习很无聊？"如果不是此意，孩子可以加以澄清回应："不，我只是觉得自己累惨了。"但请注意，在进行语意重述时，不要使用简短的字或断句发问，如："你什么意思？""是怎样？""怎么了？"

有效倾听的步骤二：澄清内容

　　此步骤主要是为了确定对方真实的看法与感觉。在确认他的字面意义后，你可以归纳对方的谈话，再用自己的词句把你理解到的内容加以摘述，来确认与理清对方的"心情或情绪"。以前一个步骤"重述语意"的举例来说，你可以接着对孩子发问确认："所以说，你觉得上学没用？是觉得学历没什么用处，是吗？"而他的回答可能是："也不是，是学校教的那些东西没用处。"这个回应告诉你，他不是不喜欢上学，而是不喜欢学校教的东西。

　　此时，你也可以进一步理清或推敲他说的内容讯息，掌握先前不清楚的讯息，发问："我不了解你说的没用处是什么意

思？ 你是指学的东西全部都不实用，对就业没帮助，还是有其他意思？"或者再加以延伸做进一步内容意义的确认："换句话说，你觉得能不能学到有用的东西，比上学拿学历更重要，对吧？"

有效倾听的步骤三：澄清感受

承上情境。接着你可以根据孩子的话语和他的非语言线索，运用上两个步骤得到的结果，将你观察和了解到的言外之意或者看出的弦外之音说出来，让孩子感觉到真正被理解的温暖。透过倾听来接受、理解与包容孩子的心情，使孩子打开心扉、产生信任，比如回应他："你讨厌学校教的东西，但是又怕休学了，要承担更多后果，所以心里很烦，是吗？""你觉得晚自习很累，但是不留校也是可行，你的考量是什么？ 怕自己在家不专心，还是担心和同学步调不一致呢？"

以下是三个了解他人正确看法的倾听技巧范例，父母们可以作为练习参考：

孩子："今天学校选校队，我没被选上，很多同学都打得比我好！"

父母："你是说你没表现好，被淘汰了？"（重述语意）

父母："没被选上，但是你听起来对这个结果很服气，是吗？"（澄清内容）

父母："你现在还是有点失望或者会担心别人怎么看你被淘汰这事吗？"（澄清感受）

孩子："妈／爸，我讨厌长大的感觉，长大后人与人之间都会彼此出卖！"

父母："你说的出卖是什么意思？你是发现有同学做了什么背叛你的事吗？"（重述语意）

父母："同学出卖你，这件事让你很难过和受伤，是吗？"（澄清内容）

父母："你不喜欢长大的感觉。长大的过程太复杂和辛苦，总会有些挫折的经验，你正在适应这种过程，是吗？"（澄清感受）

孩子："同学和我约好到学校读书，可是他居然没来，整个教室就只有我一个人！"

父母："你同学爽约了？"（重述语意）

父母："同学不守约定，你觉得难过和不舒服吗？"（澄清内容）

父母："这个同学不守信用，你觉得自己以后很难再相信他了，是吗？"（澄清感受）

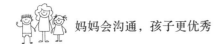

有效倾听的步骤四：鼓励发言

最后，你可以送出微小却有效的邀请，也就是"鼓励发言"的技巧。鼓励发言是了解别人想法和感受的另一种方法，懂得倾听的父母会利用一些像关怀、澄清、引导、立即反应等技巧，对孩子送出各种微小却有效的沟通邀请，鼓励他们持续发言。比如你可以利用以下的典型提问来鼓励孩子继续分享。

第一问："那你认为如何呢？ 你有什么感觉？"

第二问："你自己的看法如何？我想知道你自己的想法。"

第三问："嗯……我不是很清楚，你可以多说一点吗？我想多知道一点。"

第四问："继续说！ 是这样吗？ 然后又发生了什么？"

第五问："你现在决定怎么做？ 这样做，你觉得有什么问题？"

第六问："我能为你做什么？ 你希望我做什么？"

此外，也可以使用肢体语言的鼓励，比如在倾听时，身体微微倾向对方，看着对方微笑、点头、偶尔的表情变化和手势等，而有时即使什么也不说，保持专注与鼓励的眼神接触也是让谈话更深入的方法。倾听过程中，父母请务必记得，不要使用过于简短的字或断句回应孩子，如："嗯。""什么？""知道、明白"，孩子才会继续与你分享。

以上这些小而有力的邀请，都可以使孩子感受到我们在听他说话的积极努力，鼓励他打开心扉，乐于继续发言分享。鼓励不在多言，做父母的都要努力期许自己成为一个寡言的倾听者，多听少说，鼓励孩子持续分享，而不是去干扰沟通的流程。

沟通的实践训练：有效倾听的观念

接下来就是爸妈们的倾听练习时刻，试着根据本小节说明的：了解他人看法的四个倾听技巧来做练习，并检视自己过去的倾听习惯，是否做到切实了解孩子的看法和需求。下一次倾听孩子时要记得提醒自己确实改进。

观念应用练习（1）

请爸妈们针对以下案例，利用本节提到的四个了解他人意思的有效步骤，来练习如何在亲子沟通中更正确与清晰地掌握孩子的意思。

◎ 当孩子对你说"班上换了一个新老师，让我很抓狂！"时，你会怎么回复？

参考步骤

"你的意思是说：这个老师让你受不了？"（重述语意）

"听起来你不喜欢这个老师？"（澄清内容）

"换新老师都需要适应，你觉得很心烦，是吗？"（澄清感受）

"嗯，我不是很清楚这个老师的情况，你可以多说一点吗？我想多知道一点。"（鼓励发言）

◎ 当孩子对你说"小明说好要一起去看电影，结果没出现，放了我鸽子！"时，你会怎么回复？

参考步骤

"你是说，小明失约了？"（重述语意）

"小明临时失约，你觉得有点生气？"（澄清内容）

"小明不守信用，你是不是感觉小明不在意你，让你有点受伤？"（澄清感受）

"你自己认为小明为什么会突然失约？ 你现在想怎么做，你会先去找他谈谈看吗？"（鼓励发言）

◎ 当孩子对你说"我的一个好朋友最近谈恋爱了"，你会怎么回复？

参考步骤

"你是说她交男朋友了？"（重述语意）

"你听起来有点担心吗？"（澄清内容）

"你觉得这个时候交男朋友，会影响考大学，你有点担心她是吗？"（澄清感受）

"你现在希望怎么做呢？ 你会去告诉她你的担心吗？ 这样做，你认为她会接受吗？ "（鼓励发言）

◎ 当孩子对你说"今天学校选模范生，我没被选上，很多同学都比我票多"，你会怎么回复？

参考步骤

"模范生选举，你被淘汰了？ 这是最后结果了？ "（重述语意）

"没选上模范生，你有点失望吗？ "（澄清内容）

"你发现其他同学都比你票数高，所以你觉得自己输得心甘情愿？ "（澄清感受）

"这次淘汰后，你有什么想法，还会继续努力，准备下次再参选吗？ "（鼓励发言）

◎当孩子对你说"最近同学的反应都怪怪的，我很担心！ "时，你会怎么回复？

参考步骤

"你说的怪怪的，是什么意思？ "（重述语意）

"同学的这种表现，让你担心的是什么？ "（澄清内容）

"你是在担心他们是不是对你有什么不满或反感吗？ "（澄

清感受）

　　"最近同学相处的情形如何？ 有发生过什么特别的事情吗？ 你自己的观察如何？我想多知道一些你们同学之间相处的情形。"（鼓励发言）

观念应用练习（2）

　　请利用以上讨论的支持性倾听原则，找出你自己在与孩子沟通的过程中，各种无效倾听的情境，并以此作为反省与改善的标的：

　　◎检视与描述你在和孩子沟通的过程中，出现过怎样的假倾听情况。

　　◎举出你表现霸道、难沟通的几个例子。

　　◎检视你防御性倾听的几个经验。

无论幼儿、儿童还是青少年，
他们都需要父母的倾听

倾听幼儿、儿童的需求：
学会从小倾听你的孩子

父母对婴儿的倾听几乎是本能的，从一出生，父母就开始注意孩子的反应。婴儿的需求很简单，啼哭就是生理上最明确的线索，告诉爸妈"他们有什么不能忍受的事发生了"，比如该喂奶、换尿布或该哄睡等。倾听在这个阶段主要就是解读孩子在生理层面的反应和需求，这时的父母还不太会强加情绪在孩子身上。然而有时父母也会在失去耐心，嫌孩子啼哭的频率太高、太难带或者不知道怎么解读婴儿的反应，而刻意忽略或不理会孩子的啼哭，甚至有时会对他们大声吼叫，来发泄自己的情绪。

而有些父母主张"孩子一哭就去抱他，动不动就抱，会惯

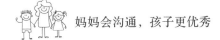

坏孩子！"即是一例。但新生儿的父母，大部分都还是会愿意去配合、满足婴儿的生理需要。我们可以说，早在孩子会说话前，他的父母就显示了他们倾听孩子的意愿有多少，容忍孩子表达自己的程度有多高，这些都涉及每对父母倾听的敏感度与容忍度。

然而当婴儿慢慢进入"可怕的两岁"这个幼儿年纪时，父母会开始发现孩子想要变成他自己，有了自主的意识，此时的父母如临大敌。许多幼儿的父母开始抱怨："孩子快把我给逼疯了！"

以下情境，看来许多父母都很熟悉：

父母："为什么叫你做什么，你都不听？"

"叫你收玩具，你不听！"

"叫你吃饭去，你不听！"

"叫你睡觉去，你不听！"

"叫你安静点，你不听！"

"叫你别乱跑，你不听！"

为什么我叫你做什么，你都不听？

亲子互动中，最让父母气馁和沮丧的事叫"没听进去"（Non listening）。养育幼儿的过程中，太多的父母都有这样的困扰，感觉自己像"鬼打墙"，成天不停地对孩子反复念经，从幼儿期到青少年阶段，甚至用吼叫的方式重复同样的话，而这些话语都变成孩子长大后记忆中的"魔音穿脑"。

那么，幼儿或青少年为何总是把父母的话当成耳边风呢？

无论你说什么，孩子都不听，原因是单纯就因为你的话中管束的内容，却毫无具体的约束办法与执行力，且一说再说，让孩子的听觉弹性疲乏，毫无反应。事实上，如果你仔细检视自己惯常的管教模式，就不难发现，你在对孩子尤其是幼儿说话时，是否常常犯了以下四个错误。

大事小事都用吼叫警告

无论发生大事、小事，你都是用一贯的怒吼来警告孩子，让他们无法分辨你的警告是真、是假。你的指令听来像是在宣泄自己失控的情绪，而无法让孩子正确地听出问题的严重性，当这样的警告无时不在，孩子会感觉"讯息超载"而自动进行选择性的倾听，过滤掉这些听来如同噪音，既听不清楚又没有意义的讯息，就像录音机过滤讯息般，完全不去回应。久而久之，他们会习惯性忽视父母向他发出的任何讯息。

动不动都使用命令式的负面语言

你是否经常使用命令式的负面语言来威胁孩子，比如：

"我命令你……""我警告你……""你给我听着……""你最好给我赶快……""你实在太笨了……""你太让我失望了……""你真是可恶……""你要再哭，我就揍死你，让你哭个够！"等等带有命令、警告、责备、谩骂等负面语言。这样的语言如果成为父母的口头禅，说再多、再狠的类似话语，都没有任何意义，孩子不仅麻木无感，还会对父母的指示感到厌恶与反弹。

成天唠叨，令出不行，破坏威信

你是否也会利用威逼或利诱的两极手法来和孩子互动。例如对幼儿威逼："你再不好好吃饭，我就不要你了，把你送到孤儿院！""你再不听话，我就叫警察来把你带走！""你要是再不把这些玩具收好，我就把它们全部丢掉！""你要是再在马路上乱跑，我就把你丢在这不管了！"或者对幼儿利诱："你好好睡觉，妈妈才爱你！""你如果乖乖听话，妈妈等下带你去买玩具。"

这些你在气头下，不加思索地发出的狠话或禁令，既没有顾及孩子的感受，你也不可能执行自己的罚则（因为你既不甘心丢掉他的玩具，也不可能把他丢在路上，或真的送他去孤儿院或警察局）。父母固然要学会不去完全控制孩子所做的事，但是一旦是你掌控，你就必须用一种清楚、直接的讯息来执行规定，而且要贯彻到底，让孩子从他自己的行为所产生的结果中学习，尤其是自律。父母若时常对孩子口头命令、威胁，却都只停留在字面的意义，而无实际行动时，孩子就会把父母的话当成耳边风，如果每隔一阵，你就唠叨一下，之后不了了之，孩子们就会认定父母只是爱唠叨，而自己反正就是个讨人厌的小孩，也就越来越皮。

让孩子永远有机可乘，变成投机

面对孩子赖皮，说什么都无效也无计可施时，你是否会下达最后通牒："我数到 10，你要是再不听，试试看我怎么修理你！""限你在 5 秒钟内……""我数到 1、2、3……否则……"但父母往往不只给孩子 1 秒或 5 秒的改正时间，事实上，是好多个 5 秒或 10 秒，一次不灵，会一说再说给他好多次机会，让孩子学到只要赖皮就没事了，而当孩子耍赖时，你也丝毫没有任何作为，摸鼻子走人，一点没辙，你的禁令对他就是永远的耳边风。

无论如何，亲爱的父母，请不要忽略了，即使一个两岁大的孩子，他也已经开始有了自主意识，并开始模拟父母的角色与拷贝父母的行为甚至情绪模式，所以你对他的正确倾听与回应可以从这时展开。你用什么方式对待与回应他，他就会用什么方式来对待与回应你，所以，做父母的需要自我教育，并学

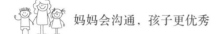

会正确倾听与回应孩子的方式。

亲爱的父母，请不要轻忽正确倾听幼儿的需要，幼儿其实是从你的角色扮演中，学习到日后的人际沟通模式。所以请不要再以叫嚣威胁的方式来对待他。父母们请自我教育与学习以平和、尊重的方式倾听和回应幼儿的需要，开始问问他："要吃半碗饭还是一碗饭？ 要白煮蛋还是煎蛋？ 要喝冷水还是热水？ 要穿红色还是蓝色的上衣？"对幼儿来说，这就已经是一种温柔的倾听与对待。父母需要在孩子幼小时就建立尊重的倾听态度，在可能的范围内，让他们在不影响大局的情况下，自己做些生活中的选择，并从中学习做他们自己，这样的孩子长大后对父母的亲近势必感到很自在，也更愿意与父母做真心的沟通交流。

倾听青少年的情绪：
懂得用正确方式和你家的大孩子沟通

身为父母，就得不断面临孩子成长的阶段性改变与挑战。我们常感叹父母难为的一个原因就是，每次当你对情况稍微掌握时，孩子又进入了另一个阶段，丢给你一堆新的问题。因此，父母的最大挑战是不断调整自己做父母的心态和形态，来适应孩子的成长。所以父母对孩子的倾听也应追随与配合他们成长的步调而调整。当孩子进入大约中学后的青少年阶段，你是不是发现他的话越来越少，情绪低沉且经常不耐烦，相对地，说粗话、情绪暴走、恶形恶状且急于和家人隔开无涉的情况愈益明显？ 父母想要了解他，问他任何事，他都只会以"嗯""有或没有""点头、摇头"或"甩手示意你走开"来回应，有时更因此发飙，甚至恶言相向："你很烦！""走开啦！ 谁要你管？""懒得理你啦！""闪一边去！"这时候，父母除了感觉无奈与无助外，几乎不知道该如何面对儿女如此巨大的改变。我们身边有太多不知道如何和青少年子女沟通，而感到无比焦虑的父母。

其实导致这种冷漠亲子关系的最大原因，可能是因为父母从小没有和孩子培养相互"倾听"的习惯，或者长期以来，虽然有互动，但其实并不知道如何有效地倾听孩子说话，并对他们所说的话做出正确反应。久而久之，父母就渐渐地失去了与孩子亲密的联结。

在亲子教养过程中，随着孩子慢慢长大，父母应该允许他们有更多的自由意志，并且更加尊重他们的想法和意见表达。但是，过去习惯权威领导的父母该从何做起，去和处于青少年时期的大孩子沟通？ 父母从"为什么我说什么，你都不听？"的幼儿阶段，落入另一个困境的思考——"我'如何说'，你才会听？"甚至"我'怎么听'，你才肯说？"孩子进入青少年阶段，过去你所习惯的"我说你听"权威模式几乎全面失灵

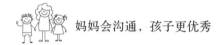

了，家有青少年的父母，你该如何面对一波波汹涌而来的口舌之战，例如以下情境：

孩子："你凭什么这么说？"

父母："凭我是你的父母！"

孩子："为什么我就一定要听你的？"

父母："因为我是你老爸／老妈！"

孩子："是谁说一定要这样？"

父母："因为我说要这样！"

孩子对你表达的任何看法和观点，几乎都是翻白眼、耸肩、叹息、面露不屑和不耐、一脸嘲讽不予苟同的表情，甚至转身离开，而更多时候，在你问话或关心他的时候，他更是一副不耐烦的表情，以厌烦的口气说："我不知道啦，不要问我！"或者"别烦我了！""让我清静点，可以吗？""少管我，谁想让你管啊！""求求你，别再烦我了！""给我一点自由，可以吗？"而"你不了解，你根本不懂！"更成了孩子的口头禅。而事实上，大部分时候，父母面对的青少年都是沉默、充满敌意或总是处在烦躁的状态。

青少年阶段的孩子，往往让父母无所适从，虽然大部分的父母都接受青少年期的孩子叛逆与反抗的说法，却很容易把他们为争取独立自主付出的努力和叛逆混为一谈。当父母为了保持自己的掌控力，越是顽强地抗拒接受孩子对独立自主的期待时，孩子的行为就会越发极端。但青少年期孩子的行为，包含许多看似脱序的问题，其实都是他的一种沟通方式，主要是为了得到父母的尊重与认可，只是许多父母却误把青少年孩子的行为当"问题"来解决，本来这些行为只是长大的孩子想与你沟通的讯息，但你却解读错误，于是孩子与你的联结，就会在你疏忽的那些瞬间一点一点断线，并渐渐变得脆弱，最终切断和你的联系。

沉默的青少年，不一定是"不说话"或"没有话说"的孩子，他们只是因渐渐失去展现真我的动机和管道，而放弃与外界沟通。我们的身边有太多焦虑、不知所措的父母，以及太多莫衷一是的亲子教养学说和个案成功经验谈。不同的理念价值、各式的说法和做法，让孩子成为父母不断实验的对象，这样反复无常的试验操作模式，十分容易切断或撕伤那本来就很纤细的亲子关系。沟通的目的，不是为了让孩子顺利"听话"或进入"互动"模式——即听话与回话的状态就感到安心了，这样反而让孩子无法再继续真实的"表达"。事实上，正确解读与了解孩子的行为并找出背后的意义，并非孩子该做的事，而是父母的责任。

父母若想要与你的青少年孩子沟通，就必须接受一件事情：孩子已经慢慢长大了，一贯使用上对下的命令方式，只会令他反感，所以"平等和尊重的沟通态度"及"真正用心去倾听孩子的想法"将会左右你们可否顺利沟通，持续维持亲密的关系。

平等和尊重的沟通态度

沟通心理告诉我们，与所有人沟通的第一步就是平等和尊重的沟通态度。这个提示对倾听青少年尤其重要。对孩子保持平等尊重的态度，并不是要父母放弃家长的权威，但是想想，自己做家长的权威如果仅仅是靠强权和辈分来决定，势必给孩子一种被压迫感。而青少年最不能接受的事就是自己的自由意志不受尊重、没有自主性及被迫顺从。作为家长，我们可以尊重孩子，而不失权威，让孩子更愿意靠近你，也需理清，我们要的是子女的"合作"，而不是"服从"。

真正用心去倾听孩子的想法

平等沟通的第二步就是学习用"心"倾听，来辨识孩子的情绪，并且接纳、承认以及回应他的情绪与感受。其实辨识孩子的情绪并不难，青春期孩子的心情变化几乎都会显露在外表上，比如说话的口气、语调、面部表情还有动作，你如果仔细观察，并不难发现他们特殊的情绪变化与差异，而这些细节都是我们应该注意的。同理，让孩子知道你在用"心""听"他说话也一样很重要。回应孩子感受的方法可以有很多种，如前面谈过的一些倾听原则、策略和技巧等，然而无论你用什么方式回应，都要把你所有的注意力放在他身上，让孩子肯定："你是在听我说话的。"

一般大孩子如果有意愿主动和你说话，他们一开始说话就会明确地发出这些信号。但如果家长太忙，忽略了孩子的感受，不假思索地回答了一个你认为的经典答案，一般是你自己对这个问题的反射性看法，而缺乏同理心的倾听，那么这个沟通就已经失败了。有的时候，你回应的虽然是一个词或者一个声音，你仍然需要与他们眼神对视，让孩子知道你在专注地倾听。

就我自身的经验，女儿在高中阶段也有过很大的改变，一反小时候活泼好动且话多的个性，忽然变得沉默，且天天都不开心。有次接她放学时，我注意到她的表情非常难看且垂头丧气，便主动开口问她："学校今天是不是有什么事，让你很难过？"她忽然放声大哭，转头抱住我说："妈，我讨厌长大的感觉，长大后人与人之间都会彼此出卖，为什么会这样？"我们因此展开了一整个晚上的交心对话，也重新打开了她青春期无所适从而暂时关闭的心。这次的经验让我更加体认在亲子沟通中，"听"比"说"更重要的原则。然而真正的关键是，孩子了解到妈妈其实一直在她身边无言地陪伴，倾听她的一切，即使在她什么也没说或不想说的时刻，我也都看在眼里。

尽管大多数父母都知道青少年的叛逆是正常，而且有它的目的性，但是在面对自己孩子青春叛逆期的巨大转变，以及突然失去和儿女在幼小时拥有的亲密关系时，许多父母都会感觉

难以适应或充满误解。但身为父母的你应该要知道，大部分的青少年"并不是为反对父母而反对，只是想借由反抗与叛逆的行为赢得父母的关注，并得到父母的尊重和认可"，然而父母却往往把他们为赢得独立自主所做的努力，和刻意反抗混为一谈，并无法接受他们巨大与骤然的改变。

对待青少年，如果父母懂得发挥同理心的能力，允许他们有自己的期许、兴趣及感受，承认他们与我们一样，也是人，也有人的渴望、想要被认同，尤其不希望被控制，同时也承认一个不可避免的事实，就是孩子长大了，必须与年长的一代分开，把自己从家庭中抽离，这是他们自我发展中极其自然的阶段，父母若能了解这些需要，就不难与他们相处。然而光是单方面回应孩子的感受并不够，因为我们都知道，有时候孩子们反而会挑战父母的极限，推进父母的底线，提出过分的要求。在这种情况之下，父母要避免对抗，而是鼓励他们和自己合作。至于该如何鼓励青少年与父母合作呢？我认为学习和他们互动的方式很重要，因为只有当父母能够放下威胁或高压控制时，亲子间才能避免发生白热化的冲突，重建和谐的亲子关系。

想要减少沟通冲突，就得避免命令式的口气

　　人与人的沟通过程中，难免会有意见不合的时候，亲子之间当然也是。此时我们应该学习如何理性地以言语交流，减少不良的沟通所带来的冲突及意气用事，才能达到改善关系的效果。以下我们列举四种不同沟通方式的比较，让身为父母的你看看，在一次可能出现冲突的沟通中，只要方法改变了，效果就会大大不同。

唠叨 vs 简明扼要的话语

　　从前面倾听幼儿的描述中，我们可以看到一个三五岁的幼儿，或更大的孩子，常常把你说的话都当成耳边风，让你气到要中风。主因就是源自"唠叨"。喋喋不休而无原则的"唠叨"是常见最无效的管教方法，不只是对幼儿，青少年更是如此，

成长中的孩子心烦气躁，尤其不堪父母的唠叨。试想一个人在你耳边无时无刻不唠叨会是什么感受？ 有时候尽管你是出于好意，但话说太多了，反而让孩子反感，更加抗拒，此时你就会觉得他叛逆、不受教，于是更加唠叨，形成恶性循环。

亲爱的父母，在沟通时，请谨记"多说无用，不如简明有效"的原则。与其和青少年期的大孩子说："儿子，我告诉你多少遍了，把要洗的衣服丢进洗衣篮里面，这么简单的一件事，你就是不改，还是到处乱丢，到底要我怎样提醒你……"不如直接用手指着地上的衣物对他说"儿子，衣服！"来代替一长串话语的提醒，其实更为有效。

命令、判断的语言 vs 就事论事的描述

别再对已经长大的孩子说："我说了算！"或者用命令的口气对孩子说话，比如"关掉音乐，我说现在就关！"因为孩子有权利知道你这样说或者你坚持这样做的理由。当父母用命令的口气要孩子服从指令，那只会增加他们的反感与反抗心理，因此，与其以命令引起冲突和反弹，父母其实可以学习采取"就事论事的描述技巧"，以描述一个问题来取代批评或攻击对方的行为与缺失。

例如，当孩子把音乐开得太大声时，有些父母或许会当场

失控，大声斥责："你是神经病还是耳聋啊？ 每次都把音乐开那么大声，是要吵死谁啊？"或者"你马上给我关掉音乐！"这不仅是一个命令的语气，同时也涉及了前面提过的许多倾听缺失：包含对孩子批评指责（神经病还是耳聋）、使用武断的语言（每次）、欠缺同理心去感受一个已经独立自主的青少年被毫无尊严辱骂的感受等。青少年对别人的不尊重尤其敏感，如果只是因为音乐开得太大声，就被父母斥责谩骂，这样的话语必然激起他们的防御心理，导致他们反射性地对父母做出更强烈的攻击性回应。

事实上，与其使用命令的口气，父母可以采用以下的三段描述技巧来表达自己的看法与要求——第一段是描述你的真实感受："我的耳朵震到受不了了！"第二段客观描述发生了什么事情，不指责，而是只描述客观事实："那个音响的音量实在太大声了，都穿透了两间房的墙壁。"或者"经常听这么大的声音会损伤听力的。"第三段就是礼貌地向孩子提出选择性建议而不是唯一的指示或答案："你可以用耳机听，还是把音量调低点或者是关上门吗？"当然，对青少年的孩子，有时用幽默轻松的方式来表意效果更好，敲敲他的门，用手捂住自己的耳朵，做调低音量的手势，双手合十鞠躬做感谢的姿势，简明扼要的表意，对他们往往有更好的沟通效果。

尖酸刻薄的言语
vs 肯定、尊重、理解的回应

所有青少年在青春期的叛逆以及对大人的憎恨，往往都是因为父母种种言语的羞辱激化而出现的，所以请不要以尖酸刻薄的言语羞辱孩子。如前面提到的原则，父母对孩子妄加批评的倾听，否定他的感受，以及情绪自主的权利，并对他们做强制性的指示，都是和青少年沟通时最大的阻碍和忌讳。当父母用尖酸刻薄和批评攻击的话语来回应孩子的分享时，他们的心门将从此对你关闭！

亲爱的父母，孩子长大了，请别再僵持与坚持不去认可他的心声。不要为了保持自己的掌控力，无谓地抗拒孩子，而不去认可他们的意见与想法。给予成长中的孩子一切他所需要的肯定、鼓励或赞美，因为一个无法赢得自己主控权的青少年，早晚会以某些更激烈的方式来表达自己的不满，证明自己有自主能力，所以听孩子说话，接受他的话语，当他能清晰地表达自己的看法、感受时，诚恳地对他说："你是对的！说得很好！"而不必去担心"孩子对了，就表示自己错了"或"当孩子赢了，就表示自己输了"这种事情。事实上，你应该高兴孩子终于长大了，有了自己的见解与看法，找到了自己的方向与道路，能够辨别对错是非，而不是凡事都以你的意见为主，如果孩子凡事都只会对你唯唯诺诺，那才是做父母的我们需要担心的事，不是吗？

所以在孩子做对事情或清晰地表达自己的想法时，与其惯性批评他不如学习对孩子说出："你是对的！"这句话。这是对孩子的一种接受、肯定与鼓励，让他们感觉自己被倾听与被尊重的重要性及价值感。和青少年沟通，只要能放下做父母的成见和对权威的坚持，好好专心且用心地听他说话就好。

青少年孩子的成长过程，是一段错过了就不再的生命阶段，请珍惜这段亲子共同成长的时光！

专断 vs 让孩子参与表达

父母虽然是家中的老大，但在订定规则时必须考量规则的合理性与可行性，任何规定都要是可被执行与合理的才能被遵从。经常会有生气的家长跟我说，孩子总是不遵守家规，因此非得给他们严厉的教训——例如，当孩子违反门禁时间的家规时，这些父母会对孩子出重手"罚孩子一个月不准和朋友外出"。但是想想，这么严厉的惩罚，让一个青少年一个月断绝社交生活，真的会收到惩戒效果吗？ 还有些其他惩罚，如像没收手机一个礼拜等等，是否合宜与合理也值得斟酌讨论。有时过分严苛的责罚反而会让孩子被逼得使用歪点子，为了溜出去而撒谎，甚至去租借手机等等。何况当规则太多、惩罚太严厉时，孩子往往会变得麻木，而无视家规的存在。

所以父母不要为了树立权威，而替孩子订定他们做不到的规则，让他们无所适从；其次，在孩子犯错时，请给孩子适时表达意见的机会，而不是不由分说地处罚。凡事先问问、听听孩子的想法，看他怎么想、想怎么办，再拿出自己的想法和他一起讨论，才能赢得他的信任与交托。当父母对孩子说："不……因为……"的时候，请对他解释那个说"不"的原因，比如孩子要求周日晚上出席朋友的舞会，你说："不！"拒绝了他的请求，接着要记得向他解释自己说"不"的原因，如："我星期日晚上不能让你参加同学聚会，因为第二天你有一整天的课，我也要上早班，我不希望在隔天要上学的情况下让你晚上出门。"但是不要和他争论、辩驳，尤其不要撂下狠话威胁，引爆冲突，比如说："如果你敢偷偷去，就试试看我怎么罚你！"最后，也是最重要的，别违反了前面提到的平等尊重原则，说出最不该出口的一句引爆冲突的话："这就是结论，没什么好说的了！"这样，任何努力沟通的用心都前功尽弃了！

对孩子平等尊重的态度，接受他们的感受和看法，并不是退让；倾听他们的意见，也并不表示你放弃决定权。因为只有制定了让孩子可以遵从的规定，才能让他们感觉自己并不是局外人，感觉父母给了他们充分表达意见与看法的机会，尊重他们的成长与自主，而这正是前面提到尊重与民主间的差异，此外，也可以让孩子了解父母严格执行的规则和谅解并非决然二分与冲突的。

　　事实上，孩子长大了，父母应该了解他们看事情的方式开始与你不同，而允许他们有更多表达自由意志的机会，并对他们的想法给予更多的认可和尊重，对成长中的孩子来说那才是他最需要的支持性倾听。只有当父母放弃以高压手段钳制孩子，并且懂得彼此相互倾听的亲子互动模式时，才能协助孩子建立自尊及自信。

　　我们常见父母和青春期孩子的关系停滞不前，甚至持续恶化，这并非如许多父母的气话"是天生不合、八字不对"，而是因为他们正卡在沟通的关口。我见过很多孩子长大后不愿回顾自己的童年与成长过程，在生命历程中，父母是他们一生对抗的最大敌人。他们都很感伤，自己花了一辈子的时间在抵抗父母的负面影响，努力让自己不要成为像自己父母那样的人，并且付出了更大的心力，去改变自己，不去成为父母希望他成为的那个样子。

　　亲爱的父母，养育孩子，从来不是谁的本能与专长，无论眼前的你是走到了什么样的绝境里，只要你愿意放下自己的私心杂念，开始虚心学习与练习倾听孩子，你就可以慢慢赢回他们的心！

沟通的实践训练：倾听青少年儿女

在本章我们已经讨论了倾听的原则与技巧，下面我们就来做一个角色扮演的练习，让你实际应用学习到的理论来检视自己的沟通与倾听模式。我来扮演青春期的孩子，对你说以下的话，请你以家长身份和现场回应的情境，不假思索地用一两句话来回答，并以五条回答为上限。请记得，尽量应用在本章节中学习到的各种有效倾听原则和技巧来回应，并且在结束练习后指出你那样的回答，是依据哪个原则和技巧，或者违反了哪个原则和技巧？你准备好了吗？练习开始！

观念应用练习（1）

请根据孩子所说的话，选择合适的回复，并在框内填入○（合适）或 ×（不合适）。

◎孩子："我有点不确定自己是不是想考普通高中？"

回应一："你当然要考普通高中，然后上大学啊！"（　）

回应二："你可以先考普通高中念一年看看，也许你会喜欢那种生活。之后你如果还是不喜欢，我们再讨论这个问题。"（　）

回应三："你希望过怎么样的高中生活呢？"（　）

回应四："能不能说说你为什么这么想？那你现在的打

算是什么？你对未来有什么设想？"（　　）

回应五："不上普通高中，然后接着读大学，你未来想干什么？"（　　）

观念应用练习（2）

请根据孩子所说的话，选择合适的回复，并在框内填入○ 或 × 。

◎孩子："我最近心情很低落，什么都提不起劲，我是不是得了忧郁症？"

回应一："你最近发生什么事了吗？"（　　）

回应二："学校或生活中有什么不开心的事吗？要不要好好跟妈妈／爸爸谈谈？"（　　）

回应三："我想你需要去看心理医生！"（　　）

回应四："随便乱说，你知不知道什么叫忧郁症啊？"（　　）

回应五："你怎么会有这种奇怪的想法？别乱想东想西了！"（　　）

观念应用练习（3）

请根据孩子所说的话，选择合适的回复，并在框内填入

○ 或 ×。

◎孩子："我临时有事，等下就不跟你去阿姨聚餐了。"

回应一："一起去和阿姨吃饭不早就说好了吗？你突然改变，很不礼貌，你不能不去！"（　）

回应二："你要是真不愿意，可以不去阿姨家，但是也得自己打个电话去和阿姨说抱歉！"（　）

回应三："都约好的事情，为什么每次都这样到最后一刻才说要失约，为什么最近你总是不喜欢和我们一起活动了呢？"（　）

回应四："你也可以从阿姨家早点出来，再去办你自己的事啊！"（　）

回应五："我理解你有重要的临时约会，但是我还是希望你最好不要爽约，你也不希望别人这样对你吧？"（　）

正确答案

观念应用练习 1：× × ○ ○ ○

观念应用练习 2：○ ○ × × ×

观念应用练习 3：× ○ × × ○

图书在版编目（CIP）数据

妈妈会沟通，孩子更优秀 / 赵雅丽著. -- 北京：
中国友谊出版公司, 2019.6

ISBN 978-7-5057-4733-3

Ⅰ.①妈… Ⅱ.①赵… Ⅲ.①家庭教育 Ⅳ.①G78

中国版本图书馆CIP数据核字（2019）第089511号

著作权合同登记号 图字：01-2019-2028

原著作名：爱的练习簿
原出版社：捷径文化出版事业有限公司（资料夹文化）
作者：赵雅丽

i. 中文简体字版 2019 年，由北京时代华语国际传媒股份有限公司出版。

ii. 本书由捷径文化出版事业有限公司（资料夹文化）正式授权，同意经由 CA-LINK
International LLC 代理，由北京时代华语国际传媒股份有限公司出版中文简体字版本。非
经书面同意，不得以任何形式任意重制、转载。

书名	**妈妈会沟通，孩子更优秀**
作者	赵雅丽
出版	中国友谊出版公司
发行	中国友谊出版公司
经销	北京时代华语国际传媒股份有限公司 010-83670231
印刷	北京市松源印刷有限公司
规格	880×1230 毫米 32 开
	8 印张 100 千字
版次	2019 年 6 月第 1 版
印次	2019 年 6 月第 1 次印刷
书号	ISBN 978-7-5057-4733-3
定价	42.00 元
地址	北京市朝阳区西坝河南里 17 号楼
邮编	100028
电话	（010）64678009